JN064467

GUIDE BOOK

専門家のための

中小PMI
実践ガイドブック

事業承継支援コンサルティング研究会●編

LOGICA
ロギカ書房

はじめに

　以前は M&A に抵抗を感じる事業者も多かったと思うが、これが近年ではだいぶやわらいでおり、中小企業の世界でも M&A が受け入れられるようになってきた。中小企業にとって M&A には 2 つの側面がある。後継者不足に悩む企業にとっては、第三者が自社を買収してくれることによって事業を存続させることができるという意味がある。技術を次世代につなぐとともに、雇用を守り、お客様にも迷惑をかけずに済む。一方、成長指向の強い企業にとっては、時間をかけて新規事業に取り組むよりは、他社を買収することによって失敗するリスクを軽減しつつ時間を買うことができる。つまり、M&A は廃業から生ずる経済的損失を回避できるという点で社会的に意義のある取り組みであり、個々の中小企業の成長戦略にとって有効な手段なのである。

　しかし、中小企業で M&A が期待通りの結果につながっていない場合が多いといわれる。その原因は様々であろうが、M&A 後の統合作業、いわゆる PMI が十分に行われていないことが 1 つの要因になっている。M&A 自体が目的になっていたり、M&A で実現させたい自社の姿が明確でなかったりする場合がある。また、M&A の目的は明確なのだが、買収後の経営にどう取り組めば良いのかが分からないケースもあるだろう。そもそも他社を買収して適切に経営していくのは難易度の高い作業なのである。

　これを中小企業を支援する立場から見てみると、M&A 自体には仲介業者やアドバイザーなどの支援者がいるものの、M&A 後の経営である PMI に対応できる支援者は多いとはいえない。

　そんな中、2022年 3 月に中小企業庁から「中小 PMI ガイドライン」が発行された。M&A を成功させるためには PMI が重要であるという点に着目し、譲受側の企業が取り組むべき課題を整理したものである。

はじめに

　私たち事業承継支援コンサルティング研究会は、従来から、親族内承継、第三者承継など事業承継全般について研究を行ってきた。M&AおよびPMIの重要性が社会において高まる中、士業やコンサルタント等の支援者が支援活動を進める際に役立つ情報を提供することが必要とされている。そこで、支援者を対象とした参考資料として本ガイドブックを制作した。もちろん、M&Aを考えている中小企業の経営者や経営幹部の方にも役立つ内容を目指した。本書が支援者や中小企業の経営者に少しでも役立ってくれれば幸いである。

　最後に、本書を企画時から刊行まで担当していただいた株式会社ロギカ書房の橋詰氏には、心より感謝申し上げたい。

2024年2月

事業承継支援コンサルティング研究会

中小企業診断士　清水　一郎

目 次

目 次

第4章　事業機能の統合

第5章　管理機能の統合

目 次

参考文献

著者紹介・監修・執筆協力

第1章

M&A と PMI の概要

Ⅰ──M&A の増加で重視される PMI

【1】 中小企業への M&A の浸透

⑴　中小企業における M&A 件数の増加

　わが国における M&A の成約件数は、M&A 仲介大手企業の集計では、2021年と2022年には 2 年連続して4,000件超になったとされる。これとは別だが、(一社)全国信用金庫協会によれば、信用金庫が M&A 成約につながる支援を行った実績は、2020年には1,187件で、 4 年前の3.5倍近くにまで増えた。2022年も1,054件で、その45％（481件）は事業承継が絡んだ M&A である（**図表 1-Ⅰ-1参照**）。

　信用金庫はもとより地域の中小企業や住民を主たる融資先としている。信用金庫における調査結果データは、全国各地域の中小企業で近年は M&A が活発化し、そして、中小企業の M&A で後継者不足が関連するケースが多くなっている状況を伺わせるものである。

⑵　事業承継の選択肢としての M&A

　㈱帝国データバンクの調べによれば、わが国の事業承継での後継者選択は、親族内承継から親族外承継へシフトしつつある。また、親族外承継は内部昇格や外部招聘ばかりでなく、M&A による第三者を絡めての承継が増える傾向が垣間見える（**図表 1-Ⅰ-2参照**）。

　中小企業の M&A を成功するには、譲受側（買い手）は譲り受けた企業や事業を円滑に運営し、成長・発展させる必要がある。そして、M&A の目的を実現し、効果を最大化するには、PMI（Post Merger Integration）こそ重要であり、中小企業庁によって「中小 PMI ガイドライン」(2022年、

本章【3】にて詳載）が公表されるに至っている。

(3)　中小企業のM&Aの傾向

　後継者不在の中小企業が、社外の第三者による事業承継のためにM&Aを用いる場合、そのM&Aには、大企業のそれとは異なる独自の特色がある。例えば、特に譲渡側がM&Aの経験がなく、M&Aに関する経験や知見が乏しいケースが多い。また、「経営者個人の信用や人柄その他の属人的要素に影響される」、「M&Aに多額のコストをかけられない」といっ

図表1-I-1■中小企業等を対象とする事業承継やM&Aに関連する支援件数の推移

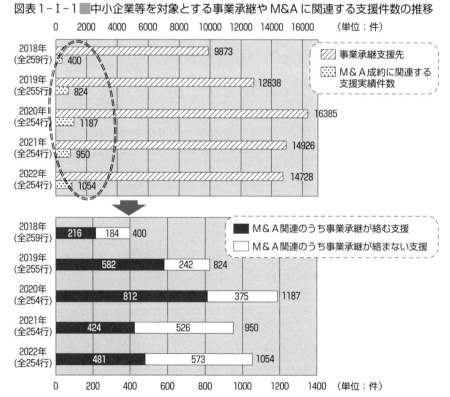

出所：（一社）全国信用金庫協会『「信用金庫における地域密着型金融の取組状況」等について』をもとに作成

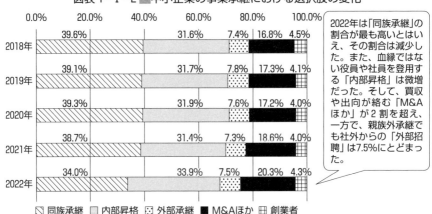

図表1−Ⅰ−2　中小企業の事業承継における選択肢の変化

2022年は「同族承継」の割合が最も高いとはいえ、その割合は減少した。また、血縁ではない役員や社員を登用する「内部昇格」は微増だった。そして、買収や出向が絡む「M&Aほか」が2割を超え、一方で、親族外承継でも社外からの「外部招聘」は7.5%にとどまった。

出所：㈱帝国データバンクの『特別企画：全国企業「後継者不在率」動向調査（2022）』をもとに作成

た傾向がある。加えて、業種・業容・業績・事業規模などが多様なうえに、大企業のように情報が開示されているわけでもない。中小企業の経営者がM&Aについて見識を深めるには、他の事案の事情を参考にしにくく、類型化なども容易でないが、中小企業庁が公表している「中小M&Aガイドライン」、その他の文献等に紹介される事例が参考になると考える。

⑷　M&Aに対する中小企業経営者の認識の変化

　かつてはM&Aといったら、「乗っ取り」、「敵対的」、「救済」などマイナスイメージを含んで見なされがちだった。経営者は、仮に自らが譲渡側（売り手）になれば、「従業員に申し訳ない」、「取引先に対して格好悪い」、あるいは「M&Aには多額の買収資金や高額な成約手数料を要する」といった印象を抱きがちで、M&Aに拒否反応を示す経営者が少なくなかった。また、M&Aには大企業のイメージが強く、中小企業の経営者は、大企業と比較してM&Aに消極的な傾向があった。だが、そのようなとらえ方は、もはや時代の趨勢にマッチしなくなり、むしろM&Aについて肯定

的な認識や前向きな姿勢が浸透しつつある。

　中小M&Aガイドラインでは、「中小企業のM&Aで選抜・選択されるのは、譲渡側が長年培った事業の価値に対し、譲受側が大いに評価して認めるから実現するのであり、譲渡側の経営者は誇らしく思って差し支えない」と指摘している。また、経済産業省のM&A推進施策や、M&Aプラットフォームの台頭で、中小企業でもM&Aが選択しやすくなってきた。金融機関では事業承継やM&Aの相談窓口を普及させている。そこにコロナ禍が襲来し、中小企業は緊急の借入も含めて、自社事業の将来性に向き合う状況となった。中小企業では後継者不足と相まって、M&Aが今後さらに増加していくと見込まれる。

　M&Aは譲受側としては、すでに確立された既存事業を獲得すれば、事業をゼロから開発・育成するよりも、時間短縮とリスク低減のメリットがある。大企業ばかりでなく、中小企業においても将来的な飛躍のために、M&Aは極めて合理的な方策である。

⑸　M&Aの売り手・買い手それぞれが抱くこと（調査結果データから）

　図表1-Ⅰ-3は、㈱東京商工リサーチが2020年に、全国の中小企業に調査した集計結果を、一部抜粋してグラフ化したものである。これによれば、回答があった550社には、M&Aにおける売り手として、「従業員の雇用の維持」を重視し、相手方に確認しておきたいとする回答の多さが抜きん出ている（82.7%）。また、「会社や事業のさらなる発展」（47.6%）や「取引先との関係維持」（32.7%）などを気にする売り手も少なくなかった。

　一方、買い手においては、M&Aにおける心配ごとに、「期待する効果が得られるかが不明」（35.5%）、「相手方の従業員の理解を得られるかが不安」（32.8%）、「判断材料となる情報が不足」（32.3%）といった項目をあげる回答が多かった。

　売買価格や仲介手数料、取引相手が見つかるかどうか、企業価値の評価、

図表1-I-3 ■M&Aにおいて確認しておくこと、気にすること

◆◆売り手が重視すること、確認しておきたいこと◆◆

※複数回答なので、合計が必ずしも100%になるわけではない。

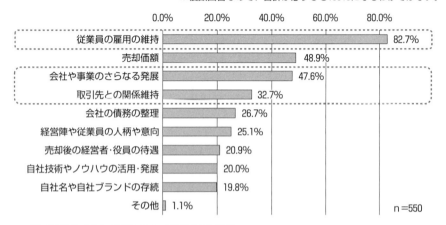

n=550

◆◆買い手が懸念する心配ごと◆◆

n=1,327 複数回答なので、合計が必ずしも100%になるわけではない。

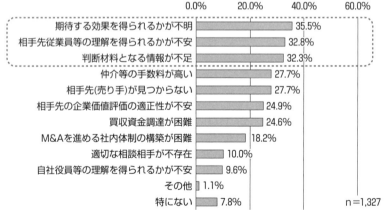

n=1,327

出所：㈱東京商工リサーチ「中小企業の財務基盤及び事業承継の動向に関する調査」の調査結果（2020年3月）をもとに作成

相手先の債務の整理などは、M&A取引自体に伴う確認事項といえる。これに対し、ここで着目した（グラフ上に破線でくくった）項目は、M&A成立以後に関する内容である。売り手も買い手も、M&A成立以後に懸念や不安を抱きがちであると、調査結果から見て取れる。

　過去にM&Aを行った経験がある企業では、懸念も不安も少なくなる可能性が高いだろう。しかし、中小企業におけるM&Aは、社外の第三者による事業承継を目的として行われるケースが多いわけで、経営者1人ひとりにとっては、M&Aは一期一会といえる。M&Aに慎重になるのは当然である。ひとたびM&A成立となれば、後戻りは困難であり、そこで否応なしにPMIがクローズアップされるのである。

【2】 PMI の概念

⑴　PMI の定義づけ

　PMIは"Post Merger Integration"であり、M&Aの目的の実現と効果の最大化を目指して行う活動のプロセスである。中小PMIガイドラインでは、M&AとPMIそれぞれの目的を**図表1-I-4**に示している。

　PMIを理解するには、次の①と②に留意する必要がある。

　①　PMI の "P"（計画や準備の時期について）

　　M&Aは契約が成立したら終了ではなく、むしろ、そこからが新た

図表1-I-4　M&A と PMI の目的

出所：中小企業庁「中小PMIガイドライン」（2022年）

な経営のスタートと考えねばならない。つまりその後の取り組みが大切であり、それがPMIである。PMIは"Post Merger"、すなわちM&Aの後のプロセスなのだ。しかし、M&A成立後にPMIの実施検討をすればよいのではない。それでは遅すぎる。PMIはM&A取引手続きの開始よりも早く、M&Aに取り組むかどうかを決断する以前から計画や準備を進めておくべきであって、M&A完了の時点は、PMIをその計画に基づいて実施するべき段階である。この点は、この章のⅢ以降でくわしく説明する。

② 　PMIの"I"（統合の解釈について）

　　PMI（Post Merger Integration）の"Integration"は直訳すると「統合」であり、よってPMIは「M&A後の統合作業」と和訳できる。そこで「統合」のニュアンスから、合併を想起しがちになる。確かに合併すれば、営業体制や組織の統合、人事や諸規定など制度の統合、基幹システムの統合など、多様な「統合」が差し迫って必要な作業となる。しかし、M&Aには合併以外に株式譲渡や事業譲渡などの形態があって、中小企業のM&Aではそれらを用いるケースの方がむしろ多い。つまり、M&Aには合併以外にも多様なタイプがあるので、PMIを合併による統合作業だけと狭くとらえないようにするべきである。この点に関連する記述として、「中小M&Aガイドライン」には、同書における「統合」の用語について、「株式譲渡は厳密な意味の統合が行われるわけではないが、株式譲渡における経営や業務等の面でのすり合わせは、ガイドラインでは「統合」と称する」との補記がなされている。

⑵　PMIの意義（PMIが必要になる理由）

　M&Aは、取引手続きがマッチング（売り手と買い手との結びつけ）、交渉、契約、クロージング（取引の決済）といった流れで進んでいく。その

プロセスでは、M&Aを行うかどうかの決断、取引価格、契約文書、仲介手数料などが焦点になる。とかく相手先との交渉や取引の意思決定手続きこそがM&Aそのものであるととらえがちだ。しかし、そもそもM&Aにはそれを行う目的があるはずである。目的が何であるかはさておくとしても、取引の意思決定や契約手続きを終えたからといって、目的を達成できるとは限らない。

図表1−I−5と**図表1−I−6**は、M&Aの目的や期待した効果を買い手企業が達成できたかどうかと、達成できなかった理由とをとりまとめている。所期の目的や期待した効果を達成したケースは約半数に過ぎない。ま

図表1−I−5 ▬ M&Aの買い手の目的や期待した効果の達成度合い

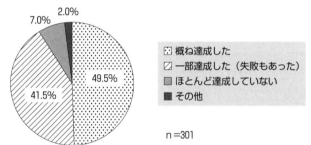

出所：日本商工会議所「事業承継と事業再編・統合の実態に関するアンケート」調査結果（2021年3月）

図表1−I−6 ▬ M&Aの買い手が目的や期待した効果を達成できなかった理由

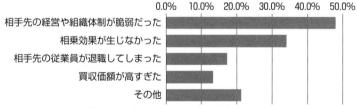

出所：日本商工会議所「事業承継と事業再編・統合の実態に関するアンケート」調査結果（2021年3月）

た、達成できなかった理由の上位3項目は、「相手先の経営や組織体制が脆弱だった」、「相乗効果（シナジー）が生じなかった」、「相手先の従業員が退職してしまった」となっている。これらの理由はいずれも取引自体と関係しない。4番目に「買収価額が高すぎた」とする回答が出てくる。取引後に振り返って「高すぎた」のは、交渉段階の企業価値評価の妥当性への疑問や価格交渉の失敗を指した見解が多いのかもしれない。しかし価格の妥当性は、目的の達成程度、つまりその事業が生み出すキャッシュフローによって評価され、心理的な満足度も左右される。煎じ詰めて言えば、M&A 実行後に生み出されるキャッシュフローが大きければ、「買収価額が高すぎた」という感じ方は減る可能性がある。また、企業価値評価を精緻に行ったならば、相手先との価格交渉の展開は違ってくるだろう。

　PMI は「M&A の目的の実現と効果の最大化を目指して行う」わけだが、この定義づけの通り、M&A では、投資額に見合ったキャッシュフローを獲得するため、つまり目的や効果を高めるために、PMI の活動が極めて重要である。また、PMI の準備に早めに着手できれば、満足度は高まりやすいといえる。

⑶　PMI の狙い

①　M&A を契機とした経営戦略策定

　大企業では、節目節目で経営戦略に基づき、中長期計画や年次計画を策定するのに比して、中小企業は普段は戦略や方針があいまいになりがちである。中小企業でも節目のタイミングでは、戦略や方針と、それにもとづく具体的な戦術や計画を備えるのが望ましい。M&A は明らかに節目の1つに該当する。

　そう考えれば、M&A を行う際には、経営者は M&A を通じて自らが達成したい事項を、経営の方向性として言語化し、説明できるようにしたい。新たな経営戦略の策定やそれにもとづく事業計画の立案を、

PMI における重要な作業と位置づけて、当然の必要業務として実行するべきである。

② 今日的な経営環境への対処策の実践

　中小企業の多くは、生産性の低迷による利益の少なさ、慢性的な労働力不足、従業員の賃金が低さ、大企業の外国企業に対する競争力劣化に起因するしわ寄せ、長引く物価高、そしてコロナ禍の襲来など、多様な難題に直面してきた。さらに、ロシア・ウクライナ情勢の悪化を受け、エネルギーや原材料の価格高騰、円安の急速な進行などの影響を被ることになった。自社の事業分野やその取り組みの見直しを迫られている。

　今や、外部環境の機会と脅威や自社の強み・弱みを正しく認識したうえで、課題への対処策となるビジョンを描き、新しい取り組みに着手するべきである。取り組むにも自助努力だけでは限界があるから、M&A が有効な一方策となる。M&A に際しての、前記①で説いた経営戦略や PMI の各種業務によって、企業としての居場所の確保、企業の存続や企業力の強化などが促進されるのである。

③ シナジー（相乗効果）の創出

　「M&A において成功とは何か」を尋ねると、「シナジー（相乗効果）の創出」という応答が出てくることがよくある。しかし、シナジーについてもっと具体的に規定しなければ、PMI の活動を効果的に実践するには準備不足である。

　シナジー（相乗効果）とは、複数のものがお互いに作用し合って、機能や効果を高めることである。$1 + 1 = 2$ではなく、プラス a のプレミアムの発生を狙うことになる。シナジーには、代表的なものとして、a）売上、b）コスト、c）調達、d）生産、e）販管費などがあり、本書ではこれらについて、第3章で説明している。シナジーには a）から e）のほかに、本書に掲載はないが、f）技術・研究開発、g）

財務などもある。PMIでは、a）からg）の分野ごとに、シナジーの項目と目標値を明確に設定しなければならない。目指す到達点があいまいでは、戦略や業務計画がつくれないし、達成度合いの可視化も、成功・失敗の判定もおぼつかない。そして、PMIの中盤以降には、シナジーの定量的な測定と検証などを徹底的に行うべきである。

④　心情面を考慮した対応

　M&Aのうち1／3以上は相手先が競合会社だとされる。また、M&Aでは、同時に経営体制の見直しや人員の再配置を行うこともある。よって、譲渡側の役員や社員の心情面への影響の考慮は欠かせない。

　2018年版中小企業白書によれば、「M&A後の統合の過程における課題」すなわちPMIプロセスにおける課題は、「企業文化・組織風土の融合」が最も多く、次いで「相手先の従業員のモチベーション向上」が多くなっている。計画的かつ継続的にコミュニケーションを実施することで、時間をかけて双方の意識のすり合わせ（融合）を実施しなければならない。新組織の経営理念やビジョンや経営戦略を策定する際にも、PMIでは企業文化や組織風土のすり合わせの方針をよく検討してから進める方がよい。そして、新たな文化や風土の醸成には時間がかかるのである。

⑤　協働の必要性

　PMIの狙いを達成するには、協働が欠かせない。売り手と買い手が協働して、シナジーの創出に向けた具体的な取り組みを進めない限り、買い手は買収価額に見合ったリターンを見込めない。PMIを遂行するうえで正解は唯一ではないので、関係者が本音でコミュニケーションを図り、共通解を導き出してこそ、信頼関係が育まれて、組織は活き活きと成長できるのである。

【3】 M&A や PMI に関する中小企業施策

⑴　M&A 関連施策の大系

　M&A や PMI の関連で、中小企業庁から近年発表された施策に、3 つのガイドラインがある。

　① 　**事業承継ガイドライン**（制定2006年、最新改訂2022年）

　　事業承継を「親族内承継」、「従業員承継」、「社外への引継ぎ」の 3 タイプに区分し、外部招聘や出向などのほか、M&A を経て第三者が後継の経営者に就く方法も「社外への引継ぎ」に含めている。

　　事業承継について全般的にまとめており、承継への準備に関して(第二章)は事業再生の視点やポスト事業承継、廃業などを記述しているほか、個人事業主の事業承継（第五章）、「事業承継・引継ぎ支援センター」、「よろず支援拠点」、「信用保証協会」その他支援体制の仕組み（第六章）などを説明している。

　② 　**中小 M&A ガイドライン**（制定2015年、全面改訂2020年）

　　中小企業経営者の M&A に対する理解の促進のために、M&A に関する基礎知識等を紹介した M&A の手引書である。M&A を事業承継の類型の 1 つと位置づけている。2015年に制定された「事業引継ぎガイドライン」が全面改訂され、ガイドラインの名称も変更になった。最新版の表紙には「第三者への円滑な事業引継ぎに向けて」と副題が付されている。

　　中小 M&A ガイドラインは、譲渡側の基本姿勢や留意点、一般的なプロセスフローと各々のプロセスごとに確認すべき事項など、次いで、各種契約文書のひな形の例示、仲介手数料の目安や考え方の提示などが盛り込まれている。基本的には譲渡側（売り手）の立場での記載が多いが、一部でデューデリジェンス（DD）など譲受側（買い手）の取り組みに関する記述も含まれる。さらに、支援機関向けの記述と

して、適正なM&A支援の遂行のために必要な、業務の基本姿勢や
指針が示されている。

　なお、中小M&Aガイドラインの第一章「後継者不在の中小企業
向けの手引き」の内容をもとに作成された「中小M&Aハンドブッ
ク」という冊子もある。「具体例をマンガで解説！」とでっかく表記
し、ガイドラインをより分かりやすく解説したものと銘打っている。
（※この②中小M&Aガイドラインにおいては「中小M&A」、次の③中小
PMIガイドラインでは「中小PMI」と略した用語が登場している。よっ
て、本書はこれらに準じて、ここ以降では、中小企業におけるM&Aを「中
小M&A」、中小企業におけるM&Aに伴うPMIを「中小PMI」と表記し
ていくものとする。）

③　中小PMIガイドライン （制定2022年）

　　中小M&Aガイドラインと中小PMIガイドラインは、いずれも中
小企業の事業承継の手法の1つである中小M&Aを対象とする点は
共通している。双方は関連性が強い支援策であり、中小企業庁からは**図
表1-Ⅰ-7**の一覧図が公表されている。ただし、双方には相違点もあ
る。中小M&AガイドラインがM&Aの譲渡側（売り手）を対象とす
るのに対して、中小PMIガイドラインの記述は主として譲受側（買
い手）の目線による内容となっている。

⑵　**中小PMIガイドラインの構成**

　中小PMIガイドラインは、PMIの概要と総論を記述した後に、各論（第
2章）では、基礎編と発展編の2パターンの取り組み手順を示している。

　基礎編の内容は、M&A成立から100日ないし約1年まで期間の取り組
みである。この期間では、①経営の方向性の確立、②信頼関係の構築、③
事業の円滑な引継ぎの3つの領域の活動が重要であると記述されている。

　発展編での取り組みは、基礎編の期間と内容のほかに、①経営体制の整

図表 1－I－7　中小企業の M&A に関する支援策

譲渡側（現経営者）	譲受側候補

引継ぎの準備

○M&Aについて知りたい
中小M&Aガイドライン
中小M&Aハンドブック

○経営状況を確認したい
ローカルベンチマーク
経営デザインシート

○引継ぎに向けて課題を把握したい
事業承継診断

○マッチング先を探したい
事業承継・引継ぎ支援センター
M&A支援機関登録制度

○経営資源を引継ぎ、創業したい
後継者人材バンク

円滑な引継ぎ

○株式等を引き継がせたい　　○株式等を引き継ぎたい
所在不明株式に関する会社法の特例
中小企業経営力強化支援ファンド

○経営者保証を解除したい
経営者保証ガイドライン
事業承継時の経営者保証解除

○M&A時の費用を軽減したい
事業承継・引継ぎ補助金（専門家活用）

公庫融資・信用保証の特例（金融支援）
登録免除税・不動産取得税の特例
小規模企業共済

引継ぎ後の経営革新等

○円滑に経営統合を実施したい
中小PMIガイドライン

○M&A後のリスクに備えたい
経営資源集約化税制（準備金）

○承継後の生活資金を積み立てたい　　○引継ぎ後に設備投資等を実施したい
小規模企業共済　　事業承継・引継ぎ補助金（経営革新）
経営資源集約化税制（設備投資）

出所：中小企業庁「事業承継に関する主な支援策（一覧）」（2023年）を一部加筆

図表1−I−8　中小PMIガイドラインの基礎編と発展編

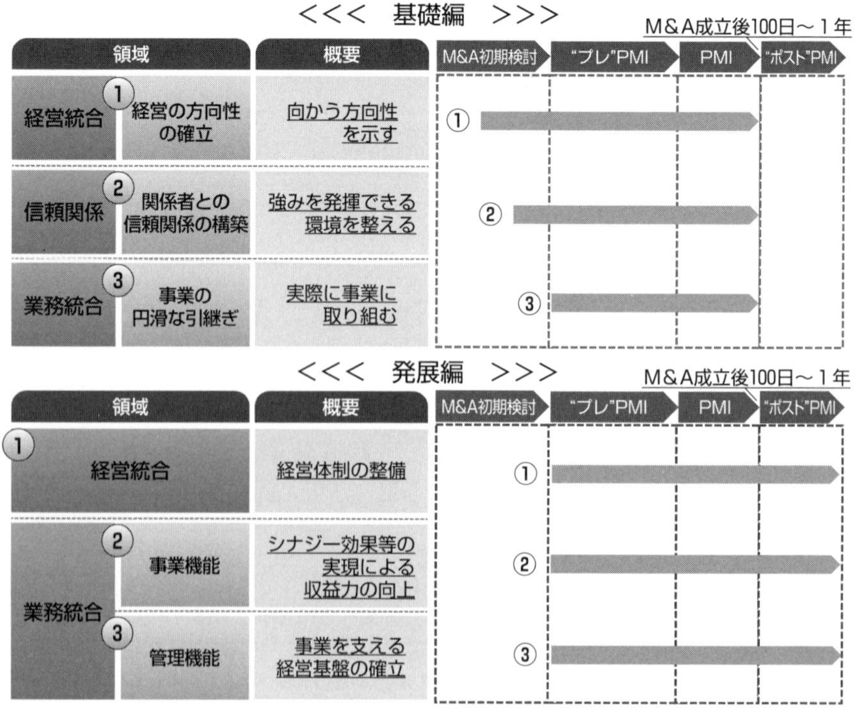

<<<　基礎編　>>>

領域		概要
経営統合	① 経営の方向性の確立	向かう方向性を示す
信頼関係	② 関係者との信頼関係の構築	強みを発揮できる環境を整える
業務統合	③ 事業の円滑な引継ぎ	実際に事業に取り組む

M&A成立後100日〜1年

M&A初期検討　"プレ"PMI　PMI　"ポスト"PMI

<<<　発展編　>>>

領域		概要
① 経営統合		経営体制の整備
業務統合	② 事業機能	シナジー効果等の実現による収益力の向上
	③ 管理機能	事業を支える経営基盤の確立

M&A成立後100日〜1年

M&A初期検討　"プレ"PMI　PMI　"ポスト"PMI

出所：中小企業庁「中小PMIガイドライン」（2022年）を加筆加工

備、②事業のシナジー創出を目指す活動、③事業を支える経営基盤確立のための管理の業務などを提示したうえで、期間をポストPMIの段階まで延ばしている。

Ⅱ──中小 M&A の形態と PMI

【1】 M&A の類型の整理

⑴　M&A の経営目的別の類型

　M&A に臨むには、企業として「なぜ M&A を行うのか」、すなわち経営上の目的について、明確にしておかねばならない。M&A は企業ごとに、①維持存続、②基盤強化、③成長戦略といった目的に沿って実行される。

　まず、経営不振や後継者不在といった課題への対応として、M&A を選択するケースがある。さしずめ廃業の回避や事業の維持・存続を図る手段である。このタイプはいうならば「維持存続型」の M&A である。

　次いで、市場での生き残り、業界再編への対応のための方策として行われる M&A がある。事業基盤の安定や強化、あるいは経営資源の獲得を目指すものである。このタイプは「基盤強化型」といえる。

　さらには、「成長戦略型」がある。新商品開発、新市場開拓、新事業進出などによって、事業の成長・拡大を狙うため戦略的に行われる。

　M&A は目的が1つだけとは限らず、案件それぞれが類型のいずれかに必ずぴったり当てはまるわけではない。また、M&A には売り手（譲渡側）と買い手（譲受側）があって、立場が違えばその目的やとらえ方は違ってくる。つまり、売り手にとっては、事業の存続や雇用維持のために不可欠な策であって、典型的な「維持存続型」なのだとしても、買い手からすれば「成長戦略型」に属するというケースは大いにあり得る。売り手が著しい業績不振の場合、買い手の見方としては、売り手に対する「救済型」と呼ぶことも少なくない。

図表1-Ⅱ-1■経営目的や戦略によるM&Aの類型区分

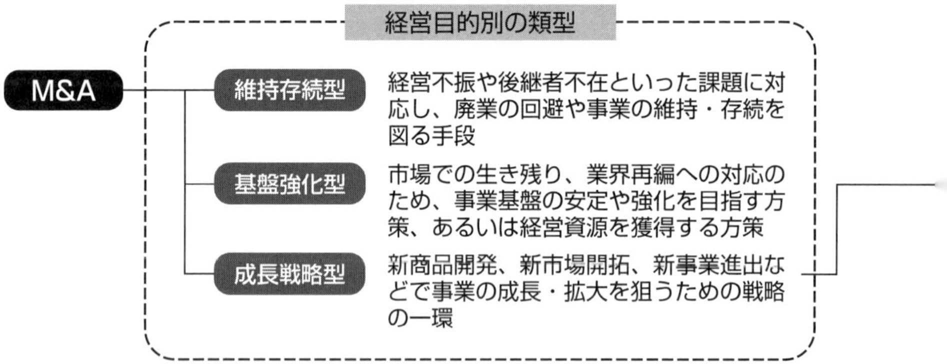

(2)　M&A の譲受側から見た戦略別の類型

　成長戦略型のM&Aは、譲受側の経営戦略の方向性から、さらに①水平拡充型、②垂直拡充型、③多角化型の３つに細分化できる。

　「水平拡充型」は業種や業態が同一の企業との統合によって、新たな顧客の獲得や新たな地域への進出など市場シェアの拡大を狙いとして行われるケース、「垂直拡充型」は商品の流通チャネルの川上または川下に活動を拡げ、商品の開発から製造・物流・販売に至るまでを主導する狙いで行われるケース、「多角化型」は自社で多角化を行うには資金や時間を要するので、経営資源の効率的な獲得や参入リスクの軽減手段としてM&Aを選択するケースである。

(3)　M&A の法的な形態別の類型

　M&Aは "Mergers and Acquisitions" の略であり、和訳すれば、「合併（Mergers）と買収（Acquisitions）」に大別できる。「合併」には吸収合併と新設合併があり、「買収」には株式譲渡や事業譲渡がある。

　図表1-Ⅱ-2の各形態のうち、吸収合併と事業譲渡は中小M&Aにおける代表的な形態であり、２つ以上の法人格を１つにする手法である。形

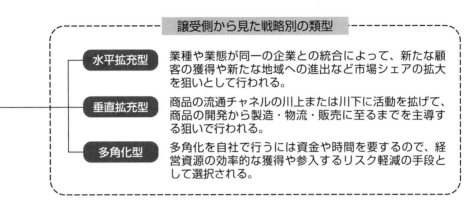

態としては、いわば「一体化型」といえる。また、株式譲渡は一方の会社が他方の株式を保有して、資本の上下関係をもとに支配権を行使できる。これは、会社の法人格がそのまま維持される「子会社化型」である。

① 吸収合併

　　一方の法人格が消滅するため、存続会社は消滅会社の権利や義務をすべて承継する。それゆえ、不良資産や余剰資産等を引き継ぐ。また、統合後に思わぬ簿外債務や潜在債務が発覚する事態がよくある。仮に過去の取引に起因する損害賠償請求があった場合、存続会社が賠償責任を負って、賠償金による損失を被ることになる。

② 事業譲渡

　　事業譲渡は会社の事業の全部または一部を他に譲渡する取引である。事業譲渡では、譲受側は購入する事業範囲を選んで、不要な部分を除外できる、よって、負債や債務を引き継がずに済む、といったメリットがある。一方、譲渡側のメリットには、事業の一部だけに限定して売却できる、引き続き会社を経営できる、譲渡代金を会社の再建や新規事業に注ぎ込める、会社に負債があっても買い手を見つけやすい、などがある。

図表1-Ⅱ-2 ▎法的な形態（スキーム）による M&A の類型区分

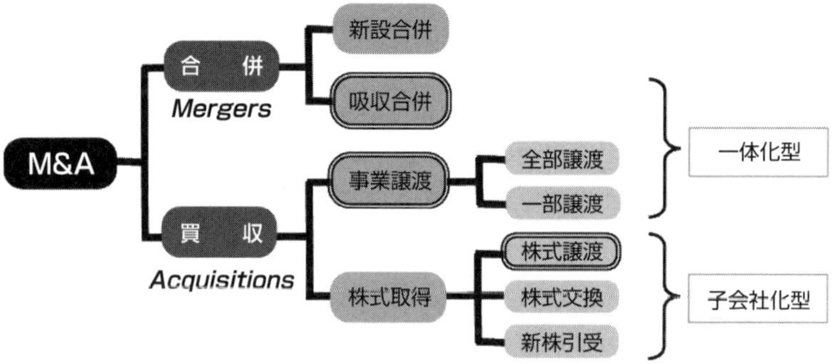

事業譲渡は事業の一部を対象とする取引なので、取引先などとの契約関係の承継に、個々の契約の相手方から同意を要する。また、資産について個々に移転手続き、従業員の転籍に関しても同意を要する。対象事業が許認可業種の場合、譲渡側の有する許認可は引き継げない。譲受側は事前に新たな許認可の取得スケジュールを確認し、早めに取得を済ませておかねばならない。

図表1-Ⅱ-3 ▎中小 M&A の主な3形態

	形態	譲渡側	譲受側	煩雑程度
吸収合併	一体化型	法人格が消滅	不良資産も賠償債務も、統合してから発覚した簿外債務や潜在債務も、すべて引き継ぐ。	比較的容易
事業譲渡	一体化型	事業の一部または全部を手放す	取得する権利や義務を限定できる（権利や義務は事業を引き受ける会社にすべて移転するわけではない）。	手間を要する
株式譲渡	子会社化型	会社や事業自体に変更なし	相手方の株式を取得して、資本の上下関係をもとに支配権を行使。権利や義務、資産や負債、許認可、契約、従業員などすべてを引き継ぐ。	容易

　ただし、事務量が多くて面倒だから事業譲渡を避ける、という判断が正しいとは限らない。実際、中小 M&A で事業譲渡を採用するケースは結構多い。要は考え方次第である。取引先に出向いて説明すれば、同意はもとより、明確な表明に対して理解を得られて、むしろ営業的な関係強化につながるかもしれない。会社の支配権を気にする取引先は、吸収合併や株式譲渡でも結局は取引を打ち切るだろう。また、従業員の場合、同意の是非を自身で決すれば、様子見を含めて、移籍後にロイヤリティが高まる可能性が残る。自社の手続きが煩雑であっても、取引先や従業員としたら、プラスのイメージを抱きやすい手法といえる。

　営業譲渡という用語がある。営業譲渡は実務上では事業譲渡との区別がほとんどなく、実質的な意味はおおよそ同じといえる。かつて、法的には商法における営業譲渡しか規定がなかったが、2006年に施行された会社法で、事業譲渡が規定された。しかし、個人事業主は会社法の適用対象ではないので、個人事業主が事業の一部または全部を譲渡するケースには、現在も商法の営業譲渡の規定が適用されている。

③　**株式譲渡**

　株式譲渡は、譲渡によって株式が移動するから、株主の持株比率（株式保有割合）が違ってくる。株式会社は持株比率が経営権の基準になり、株式の１／２超を保有すれば、株主総会の普通決議を単独で可決でき、２／３超を保有すれば、特別決議（会社の根幹に関わる事項の決議）を単独で可決できる。M&A を経て新たに経営権を獲得した株主は、臨時株主総会を開いて役員交代の決議、総会後の取締役会で新たな代表取締役の選任などを行う流れが一般的である。

　株式譲渡では、株主が変更になって、代表取締役が変更になっても、会社自体の事業活動に影響を及ぼすような手続きは基本的にない。権利や義務、資産や負債、許認可、契約、従業員などすべてを譲受側が

引き継ぐことになる。その点は事業譲渡と比較して手続きは簡単といえる。ただし、株主全員同意の必要、株式譲渡制限の有無、不採算事業の有無など、クリアすべきチェック項目があるので、あらかじめ弁護士や税理士に相談し、確認しておくべきである。

【2】M&A 形態と PMI

⑴　自社に適した M&A 形態の選択

　PMIへの着手時点では、M&Aの形態がすでに決定しているケースが多いかもしれない。しかし、M&Aの形態をまだ検討中であれば、M&Aの目的や統合後のPMIを想定してから、最適な形態を選択する方がよいだろう。言い換えれば、どの形態での統合を選択すれば、M&Aに伴うシナジーを、より早い段階で、より大きく発揮できるかという観点で、検討して決定するのが望ましい。

　M&Aの目的として、よく強調されるのがスケールメリットやシナジーの発揮である。合併という手法を適用する理由としては確かに正しい。しかし現実には、早期の一体化は困難だとして、いったんは子会社化したうえで、段階的に結合していくケースが少なくない。早い段階で合併しても、シナジーを発揮できないばかりか、双方の風土や文化の違いに起因する組織の機能不全に陥る心配があるから、それを回避するために、徐々に一体化していく進め方である。収益構造や利益率、社員の就業形態や給与水準、設備の多寡、営業活動や商品開発の手法、キャッシュフローなどで譲渡側と譲受側の相違が大きいと、安易な一体化はかえって非効率を招いてしまう。特に異分野の統合においては、組織構造の将来像を想定してから、M&Aの手法を決定する手順もあり得るだろう。

　また、選択する手法ごとに、株主総会の特別決議や、合併契約、事業譲渡契約など、会社の機関決定や意思決定に必要な手続きも踏まえておき、

あらかじめ弁護士に相談しておくのが望ましい。

⑵　M&A 形態ごとの PMI の基本的考慮要件

①　吸収合併の場合（主として組織や人事の面での課題）

　　合併は、企業風土の理解やコミュニケーションの深化が進みやすく、合理化や間接費用の圧縮に効果的である。しかし、組織や人事の一体化を急ぐ必要がある。業務や意思決定のプロセスの違いによる摩擦や葛藤の可能性があって、吸収された側は喪失感を抱きがちである。

　　合併では存続会社が消滅会社の事業や権利・義務をすべて承継するが、それでも許認可の再取得が必要なケースはあり得る。業務上の手続きを事業譲渡と比較すると、手間がかからないように感じられがちだが、組織風土や人事の面からは、PMI における負担が過大になりかねない。

②　事業譲渡の場合（特に取引相手先や従業員との個別同意）

　　事業譲渡は特定の事業を手放す手段として有効である。不採算で手放したい事業でも、その事業に魅力や意義を感じる企業があれば、譲渡契約が成立する。財務的改善が必要な状況では、譲渡代金を得ればキャッシュフローが安定するから、買い手を探しやすい事業を売りに出す会社がある。

　　買い手は、欲する事業だけの獲得に限定できて、事業ノウハウや特許のみへの限定も可能で、人材を引き継ぐかどうかは任意である。また、営業取引や賃貸借については、契約上の地位の承継につき、相手先から個別に承諾を得る必要がある。譲渡事業に関連して社員が譲受会社への転籍を要する場合、社員から個別に同意を得る必要がある。社員が同意せず転籍しないならば、それが買い手の譲渡条件でも、社員の希望でも、売り手はその社員の雇用を継続しなければならず、事業譲渡以外に合理的な理由がない限り、事業譲渡を理由とするだけで

解雇することはできない。社員とすれば、転籍によってキャリアプランの修正を余儀なくされ、転籍先でモラールダウンの可能性がある一方、譲渡になる事業の社員が転籍せずに残留しても、配置転換を余儀なくされて、やはり不満蓄積に至る懸念はある。

③　株式譲渡の場合（支配株主が次々に変わる可能性）

　　株式譲渡は、会社自体に変更がないので、ブランドの存続が可能である。また、従業員の勤務形態や給与を差し当たり改定しなくて済む。したがって、当座の作業が比較的容易ではあるが、経営権は移動している。株式を取得した会社の子会社になっていれば、親会社の方針や企業文化に影響される。従業員かとしては、先々の大変革や他社への転売などの不安を抱く可能性はある。

(3)　個人事業主による M&A と PMI

　個人事業主を譲受人とする M&A や、個人事業主同士の M&A は、主として事業承継を目的から、今後増加していくと見込まれる。

　個人事業は法人と違ってそもそも株式が存在しない。M&A で個人事業主が譲受人となるスキームでは、手法として株式譲渡を適用できず、商法上の営業譲渡の規定にもとづいて行う。要するに、譲受人が法人ならば、会社ごと買収して事業に着手するか、事業資産を購入して事業に着手するかの二択ができるが、譲受人が個人ならば、会社ごと買収はあり得ない。

　飲食店・理髪店・美容室などの事業譲渡の場合には、営業権（顧客、取引先、ブランド、ノウハウなど）のほか、店舗の内装・設備・備品、従業員などのうち必要なものを、譲受人たる個人が譲渡契約にもとづき引き継ぐ。そして、これは商法上の営業譲渡（事業譲渡のスキーム）による買収なので、店舗の賃貸や従業員の雇用を継続するには、改めて承諾の契約を交わす必要がある。

　また、個人事業主を譲受人とする M&A には、PMI に影響する特性も

ある。法人ならば所有権と経営権を分離できて、株式を所有する者が経営に参加しないことがあり得るのに対し、個人事業は通常は所有権と経営権が一致していて、事業を運営するのが経営者自身である。そして、個人事業では通常は構造的に、個人の財産や負債と事業のそれらとが混在している。したがって、事業用の資産や営業権を移行するには、資産価値の評価やデューデリジェンス（DD）などが、本来的に法人の場合よりも複雑になる可能性がある。しかし実際にはおおまかな条件で営業譲渡が成立していることが多い。なお、税務上の取扱いで必要な留意点もあるので、税理士に相談しながら進めるのが望ましい。

Ⅲ──M&A プロセスと PMI プロセス

【1】 M&A における PMI の位置づけ

⑴　PMI のプロセスフロー

　図表1-Ⅲ-1では、PMI の流れの概略を、M&A の流れと絡めて時系列

図表1-Ⅲ-1　M&A と PMI のプロセスフロー

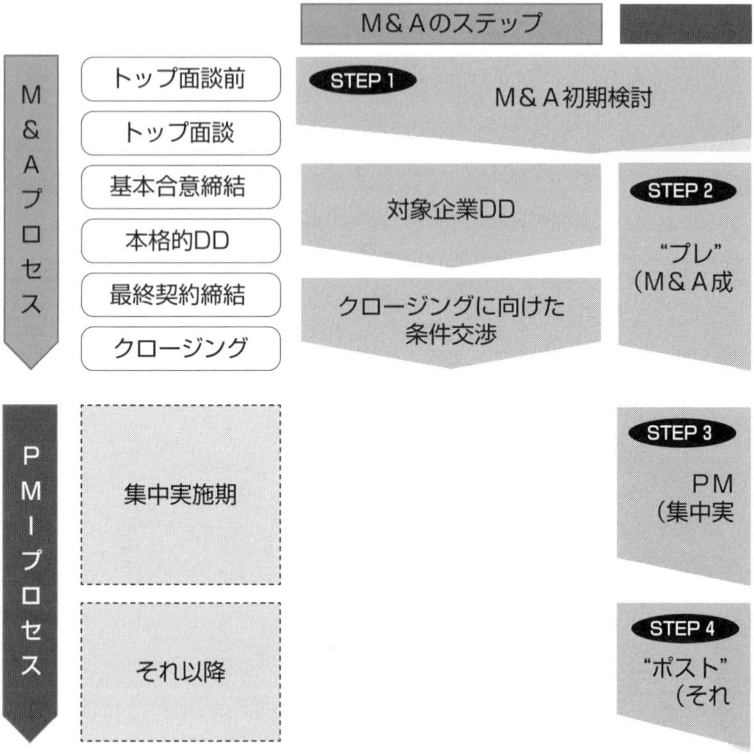

で記載している。まず、この図表によって、M&A と PMI の位置づけを確認おきたい。PMI は M&A に伴って、M&A の流れの一環として実行されるけれども、用語として区別できるようにしてほしい。(2)以下では、PMI の大まかな流れと、そのプロセスの 4 段階での区分を確認し、どのあたりで何を準備するべきか、各段階でいかにしておくべきかについて整理していく。そして、PMI プロセスの時系列の正確な理解のために、M&A について機関決定や手続きの実務手順まで明らかにする。

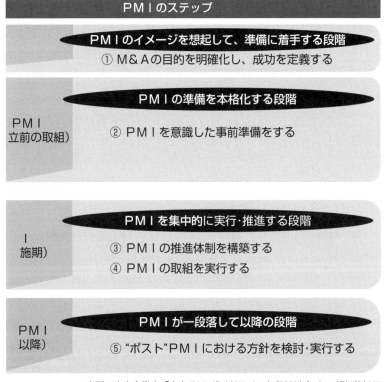

出所：中小企業庁「中小 PMI ガイドライン」（2022年）を一部加筆加工

⑵　PMIプロセスの4段階区分

　PMIの期間は、準備の着手、準備の本格化、集中的な実行というプロセスに大別できる。その後に集中的ないし本格的な実行後の期間を足し込んで、①STEP 1「M&A初期検討」、②STEP 2「"プレ"PMI」、③STEP 3「PMI（集中実施期）」、④STEP 4「"ポスト"PMI」に4区分できる。

　言い換えれば、STEP 1はPMIの前段階で、M&Aの先々のイメージ想起のフェーズ、STEP 2は"プレ"だからPreparation（準備）本格化のフェーズ、STEP 3はリアル（実際的）に推進するPMI本番のフェーズ、STEP 4はPMIが一段落して以降の後段階のフェーズ、である。

⑶　デューデリジェンス（DD）とPMIの相違点

　PMIは、"post"M&A、すなわちM&A成立後の活動であって、M&A成立後に実行される。PMIはM&A本決まり以降の経営統合の作業である。つまり、M&A成立前に行われるデューデリジェンス（以下、適宜「DD」という）とM&Aの成立後に行うPMIとは、時期が異なると位置づけるのが正しい。ただし、PMIは、M&Aに関する正式な意思決定前から、言い換えれば、DDの最中やM&A本決まりまでの間に、M&A成立後のPMIを見据えて、PMIの実行に向けて準備をしておきたい。

【2】PMI の STEP 1（PMI の準備に着手する段階）

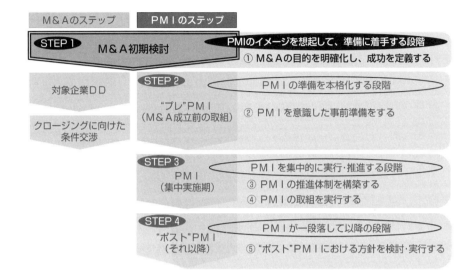

⑴　M&A の目的の明確化（経営の方向性の確立）

　譲渡側にせよ、譲受側にせよ、M&A を考える経営者は、中長期的な業界や経済社会の推移とその渦中での自社の今後をイメージして、何らかのビジョン（方針）を抱き、そのビジョンを実現する方策として M&A を選択する。また、中小 PMI ガイドラインは、「M&A を通じて達成したいことを、経営の方向性（目的、目標、行動基準）」として言語化し、説明できるようにする」として、その必要性を強調している。STEP 1（先々のイメージ想起のフェーズ）の期間に、経営者が M&A を意図するビジョン（※ビジョンとは将来への展望・道筋、目指す姿）を構築しておくべきであり、そのチェックポイントには、① M&A の目的（なぜ M&A を行うのか）、② M&A で期待する効果（どうなれば成功と言えるのか）、③ M&A のスキームや手順（この時点では仮定・想定）の 3 つがあげられる。

　以上のうち、① M&A の目的、②期待する効果の2つは、明確に定義づけたい。

　M&A の意思決定を行うのは、次の STEP 2（PMI の準備本格化のフェーズ）であるが、STEP 1 で、① M&A の目的と、② M&A で期待する効果を社内で十分に検討し、言語化、および文字による可視化によって表現しておく。③ M&A のスキームや手順としての確認事項は、直面する M&A の特性（取引形態）、意思決定の手順、契約条件などである。いずれもまだ決定するわけではないが、前提条件をいったん固めておく。そうすれば、PMI に関する準備が中途半端になったりしない。

　①〜③は社内的な検討による見直しや、相手方との交渉による変更などを経て、STEP 2 の時点で決定する。いずれも M&A の要旨となる内容であり、自社が方針を変更するときでも、相手方の事情による軌道修正の際でも、重要な判断材料になる。前提をいったん固めてこそ、修正対応はやりやすくなる。

⑵　PMI 実行イメージの想起

　M&A のスキームや手順を確認していくと、PMI を実行するイメージが具体的にわき上がり、避けて通れない課題として、a) 今後の経営の方向性を社内外の関係者にどう説明するか？　b) PMI 実施時点（DD も含めて）で専門家をどう活用しようか？　c) M&A の情報はいつどう開示するか、影響をどう想定するか？　d) 従業員が知った場合の説明、動揺の想像、対策の必要は？　e) 統合後の経営理念をどう設定するか？　などが浮上してくる。

　何ら課題が浮かばないはずがない。あれこれ課題が浮かんで不安を抱く。とはいえ、今後の経営の方向性は、これから PMI で定めるわけで、まだ定まっていないのに、これら課題への対処策が思いつかないのは当然である。これら課題への対処策は、STEP 2（PMI の準備本格化のフェーズ）で

準備して、STEP 3（PMI 本番のフェーズ）で実行することになる。

⑶　M&A 取引の実務手順

　前掲⑴の**図表 1-Ⅲ-1**「M&A と PMI のプロセスフロー」に戻って確認してみたい。M&A の基本合意の締結、M&A プロセスの対象企業 DD の水平線上に、PMI の STEP 2 の開始時点がちょうど位置する。STEP 2 は PMI の準備を本格化するフェーズである。

　PMI の STEP 2 の時点は、M&A プロセスにおいて、最も密度が濃い段階であり、M&A の取引手順をしっかり把握しておくべきなので、**図表 1-Ⅲ-2** もよく確認しておいてほしい。DD を含む M&A 取引実務と PMI 準備は同時並行で進む。M&A 取引が両社それぞれ社内的な意思決定を経ながら、図表の流れで進んでいき、こうした M&A 取引自体の手続きと並行して、PMI は本番での準備万端に向けて、計画が構築される。

図表 1-Ⅲ-2 ■ M&A の取引実務と PMI に関連する内容

トップ面談前	▶金融機関・仲介会社などへの相談 ▶候補企業の探索	Ⓐ
	▶会社案内や財務諸表などによる検討	Ⓑ
トップ面談	▶守秘義務契約 ▶工場や店舗の視察・確認	Ⓒ
	▶書面による簡易DD ▶社内からの漏洩対策開始	Ⓓ
基本合意締結	▶契約の骨子・基本条件の設定 （予約契約的性質の文書、違約条項あり）	Ⓔ
本格的DD	▶検討して契約意欲が消滅すれば手付の放棄や倍返しで契約解除可能	Ⓕ
最終契約締結	▶情報開示 　…非上場企業や中小企業はこの段階での取締役会議決のケースが多め	
クロージング	▶引渡し、▶代金決済、▶商業登記	

【3】 PMIの STEP 2（PMIの準備を本格化する段階）

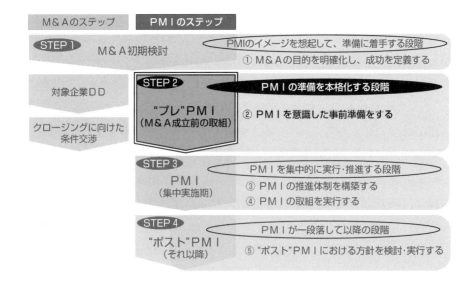

(1)　PMI 実行へ向けた対処策の立案

　PMI の STEP 2（PMI 準備本格化のフェーズ）では、本番（STEP 3）を見据えて準備を進め、統合作業で実行する内容を明確にする。DD を本格化させ、情報を収集し、その内容の評価・精査・検証を行う。PMI の推進体制、人材選抜の想定などを計画する時点でもある。計画作成では、PMI実務のスケジュールの設定も行うことになる。スケジュールには、統合シナジーの効果検証と事業計画、相手方とのコミュニケーションや情報交換なども織り込んでおきたい。

　STEP 1（先々のイメージ想起のフェーズ）で浮上する a）経営の方向性に関する社内外への説明、b）専門家の活用、c）M&A の情報開示と反響の想定、d）従業員対応、e）統合後の理念やビジョンの設定などの課題（【2】(2)で列挙）について、ここでは対処策の立案までしか進まない。M&A は

成立しておらず、PMI の準備は限られたメンバーが内々に行うしかない
ので、対処策を立案できても決定や実行には至らない。PMI 推進の体制
や編成は案を公表できないし、抜擢する人材に通知できるわけでもない。

　M&A は最終契約を締結し、クロージング（契約に基づく取引の実行、対
価の支払い）をもって成立である。M&A の社内外への公表は、最終契約
締結日に設定される場合が多い。つまり、PMI の準備を公表できるのは、
PMI の STEP 2 でもかなり終盤で、体制構築や人材の選抜は、正式には
その時点からはじまる。しかも最終契約締結からクロージングまでには、
やることが多くても日数を空けないケースが多く、そのため、体制構築や
人材選抜とそれらの通知通告は短期間での作業となる。通告されたメン
バーは、PMI の STEP 3（PMI 本番）で一気に課題に取り組んでいく。

　したがって繰り返しになるが、PMI の集中的実行に向けた準備は、水
面下の作業として早めにスタートするに越したことはない。しかし、PMI
の準備を本格化させても、対応策の決定や実行は、M&A 取引の成約や決
済のスケジュールを意識して、連動して進める必要がある。

(2)　信頼関係を育む敬意

　PMI の取り組みでは、M&A の目的の明確化（経営の方向性の確立）と
ともに、譲渡側と譲受側が相互に理解を深めて、信頼関係を構築していく
ことが最も重要となる。信頼関係を構築する対象としては、譲渡側の経営
者や従業員のほかに、取引先その他社外の多様なステークホルダー（利害
関係者）が存在する。

　M&A 初期検討（PMI の STEP 1）では、トップ面談によって相互理解
に努める。ここで、譲受側が譲渡側の経営者に対して敬意を表して接しな
いと、信頼関係を構築できない。まずはこれまでの経営方針や長年の経営
活動を傾聴し、関心を寄せて肯定的な応答を行う。そして、譲受側経営者
の想いを十分に受けとめ、考えを確認したうえで本題に進んで、譲受側が

M&Aを目指す姿勢を、今度は熱意を持って明確に伝える。

　PMI準備本格化のフェーズ（STEP 2）では、M&A成立後の譲渡側経営者の処遇について条件を明確にする。後々の紛議を未然に回避するには、書面で提示するのがよい。トップ同士の信頼関係の深化や譲渡側従業員への対応策は、M&Aプロセスの時系列をよく確認して実践したい。

⑶　DDとPMIの関係

　DDとPMIを混同してはならない。DDを含むM&A取引実務とPMI準備との同時並行は、時間的な制約を非常に受ける。クロージングに向けたPMI準備の迅速性・確実性とPMIを見据えたDDの深耕は、究極的な矛盾をはらんでいるのだ。PMIに役立つDDを行いたいし、そうすればPMIの成功の確度はアップする。ただしDDでPMIを見据えておくのは、望ましいけれども「言うは易く行うは難し」である。それでもあえて言うなら、PMIの準備で想定された課題認識をもとに、逆算でDDを遂行できれば理想的である。

　DDの時点において、ほかにも買い希望候補者が存在すると、売り手の立場が強くなって、買い手にとって情報提供の内容や期間が限定されることがある。これは特に好条件の事例に生じがちである。具体的には、「早く意向表明してくれないと、他の買い手を探しますよ」と言って、優先交渉権を付与する期間を区切られてしまう。そうなると、DDで得られた情報をもとにM&A契約締結の意思決定に踏み切るとしても、その情報量はPMIの準備としては必ずしも十分ではなく、M&A成立後の統合作業において、実態を深く追求していかなければならなくなる。

⑷　簡易DDと本格的DD（DDを進める手順）

　⑴〜⑶で、PMI準備の本格化（STEP 2）について確認してきた。この⑷ではPMIの一環として行うDDの手順を把握するため、**図表1−Ⅲ−2**

「M&A の取引実務と PMI に関連する内容」を今一度参照されたい。

　Ⓐ「自社を譲り渡したい」、あるいは「他社を譲り受けたい」という意向を金融機関、取引先会社、仲介会社などに伝えて相談すると、Ⓑ相談先は社内の M&A 候補会社リストに売り希望（譲渡）ないし買い希望（譲受）を明記して掲載したうえで、そのリストのなかからマッチングの候補となる会社をピックアップし、会社概要に関する情報を提供してくれる。この時点では社名は漏らさない。Ⓒ相談先が売り希望側と買い希望側のそれぞれと極秘に交渉をして、互いに会ってみたい気持ちや信頼関係を築けそうな状況になれば、双方トップの面談がセットされる。Ⓓ秘密保持契約を交わせば、書面で簡易な DD を行ったり、Ⓔ店舗や工場の現地確認（視察や見学程度で、大抵は詳細調査までには及ばない）を皮切りに、提供された情報を確認して社内検討を進める。Ⓕ話が進みそうになったら、基本合意書を締結する。基本合意は予約契約としての性格を帯びて、骨子は最終契約に踏襲され、売買価格もここでおおよそ決まってくる。この時期からは、本格的な各種 DD によって、事業性、資産価値、株式価値、その他業務分野別の投資妥当性を検証する。

　なお、譲受側が個人事業主だと、ほとんどの場合は個人と事業が結びついていて、資産や負債は混在している。資産の評価や財務の DD が法人の場合よりも複雑になると想定しておくべきである。特に営業権の評価が難しく、適正な価格で譲渡できるかどうかを慎重に検討する必要がある。

⑸　コミュニケーションの緊密化・深化と情報開示

　基本合意締結の前と後とでは、取り組む DD の作業の濃淡が違ってくる。締結前にはお互いに予防線を張り合って情報の出し渋りがあったとしても、締結後は忌憚なく情報を提供し合うことになる。M&A による融和を目指す気持ちを徐々に抱くが、単に打ち解けるばかりでなく、同時に詳細DD では各分野の有益な情報を早めに獲得して、PMI の準備を本格化する。

本音のコミュニケーションは、いよいよこの時点からはじまる。

　中小企業の場合、書面による説明もデータ資料も整備されていないケースがままある。譲渡側で売上も原価も在庫も社長が一手に把握していて、会社にまつわる多様な数字がまったく表に出ていない場合、譲受側としては実に面倒な作業だが、譲渡側の社長へのヒアリングを重ねて可視化しなければならない。

　相手方とのヒアリングが実現したら、数値データの収集や整理だけにとどめるべきでない。特に社長へのヒアリングでは、データの説明を受けるだけでなく、コミュニケーションを深めて、定性的な情報収集に誘導するくらいにあれこれ聞き出したい。社風やこれまでの戦略や、書類資料に現れない特性や課題が判明することがあり、統合後の戦略構築に有効な参考情報となり得る。

⑹　PMIに伴う情報管理

　上場企業は、M&Aに関する事実は基本合意締結の時点で取締役会の承諾を経て、最終契約成立をもってIR情報として開示される場合が多い。中小企業でも、公知の事実にするのは最終契約締結の直後になるだろう。

　M&Aの機関決定の手順次第で、PMIの準備における考慮要件が違ってくる。M&Aについて、いつ取締役会の承認を得るのか、そして株主総会の開催が必要なのかどうかも、M&Aの形態によって違ってくる。会社として早めに弁護士に相談して確認しておきたい。

　経営者が不用意な一言を発したりしたせいでトラブルとなって、M&Aが頓挫してしまう事例もある。M&Aに関する情報を関係者に知らせる時期については、まず譲渡側と譲受側の双方でSTEP 2の段階から協議して、お互いの機関決定時期を把握しておくのがよかろう。

　中小企業におけるM&Aは、後継者不在による社外の第三者への承継のケースが大半である。親族や幹部役員等のごく一部の関係者にのみ、極

秘に最終契約締結よりも早く知らせることはよくある。幹部クラスに何も
知らせないと、貴重な人材が反感や疎外感を抱いてしまいかねない。

⑺　従業員対策と情報漏洩の想定

　会社の機関決定に関連して、M&A を公知の事実にするのが最終契約成
立後とすれば、一般社員への説明もこの時点で行う。クロージング後の正
式告知では、いかにも遅すぎる。社長は一般社員全員に対して、一挙かつ
同時に説明を行う必要がある。最終契約当日の朝礼や昼休みの前後などに、
出張者や病欠者以外の大勢に説明する。他の社員からの"また聞き"にな
るような方法は避けるべきである。

　大企業でも中小企業でも、聞き捨てならない情報が最終契約前に社員の
耳に入ったり、異変を社員に悟られたりする可能性はある。一例として、
譲渡側が買収希望の会社を探す場合、取引先や同一地域内の同業者等に打
診する際に、噂が広まる心配もある。また、DD で財務諸表、総勘定元帳、
従業員名簿、工場配置図、不動産登記情報、有形固定資産台帳、減価償却
計算表などを、相手方の要求に対応するため慌てて用意すれば、従業員が
勘ぐるかもしれない。また、DD で現地調査が行われれば、来るときが来
たと察知するかもしれない。

　中小企業では、1 人の従業員が見聞きした情報が、噂のレベルも含めて、
短期間で全社レベルにまで広まる懸念がある。「まだ決定していない」の
は事実としても、状況の正しい説明だけで済むとは限らない。漏れてはい
けない情報が漏れてしまったら、不安や混乱が生じないように、もっとく
わしく説明するべきときがある。PMI では、リテンション（慰留）が重要
だが、人材流出の防止策の観点からも、対応を準備しておきたい。

【4】 PMI の STEP 3 （PMI を集中的に実行・推進する段階）

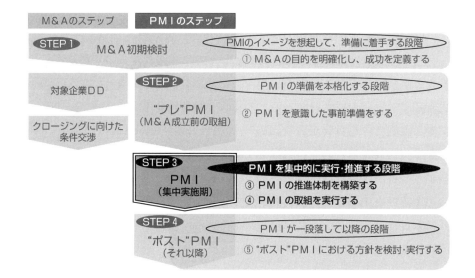

⑴　Day 1 と100日プラン

　M&A は最終契約に基づいて、株式譲渡や事業譲渡の引渡しや合併の効力発生に至って実行となる。引渡しや効力発生を発生させる手続きをクロージングといい（**図表1-Ⅲ-2参照**）、そのクロージングの日から PMI は本格的にスタートする。つまり STEP 3（PMI 集中実施期）である。

　次節でくわしく説明しているが、PMI は M&A の最終契約締結の日を"Day 0"、クロージングの日（あるいはその翌日）を"Day 1"として、Day 1 から PMI の「100日プラン」がスタートする。統合作業はおおよそ100日を目安に集中的に実施しようという計画が100日プランである。次節をよく読み進めていただくと、なぜ100日なのか、この期間にいかに進めるべきかなどが、腑に落ちるはずである。

⑵　統合後の想定外の可能性

　STEP 3（PMI 集中実施期）はもう、STEP 2 で準備した PMI の作業予定に基づき、ひたすら実務に邁進する段階である。譲受側がパワー型の交渉をして、力づくによって説得してしまうと行き詰まる。反対に、気を使いすぎて様子見では、本来の目的をなかなか達成できなくなってしまう。

　そんななかで、譲受側においてありがちなのは、M&A 成立後に、M&A 成立前から引き続き現業に従事する社員から聞いた"生の声"が、M&A 成立前の DD での把握と相違している実態である。「DD で一応はこのように把握したのに・・・」、「根拠が希薄で実態把握がまだ不十分な可能性がある・・・」と感じていたとしても、「これ以上は統合作業（STEP 3 の PMI の集中的実行）で確認するしかなかろう」といった局面は、日常茶飯事と言えなくもない。それもやむを得ないことではある。

　それでも、STEP 2（PMI の準備本格化のフェーズ）に譲受側の社内で、DD で把握と相違しているケースを想定して、認識や仮説や推測をなるべく共有しておくのがよい。しからば、STEP 3（PMI の本番）で予期せぬ問題が勃発しても、収拾に苦慮する可能性は多少なりとも低まる。こうした共有には、PMI の事務局が DD との実態の乖離を想定し、PMI 担当役員の運営委員会（ステアリングコミッティ）とも共有できる展開が重要である。なお、統合プロジェクトチームの編成については、第 2 章でくわしく説明してある。

⑶　理念やビジョンの再定義

　M&A や PMI を脇に置くとしても、大企業は概して、節目節目では理念やビジョンに基づき、あるいはそれらを更新して、目標、戦略、計画などを明らかにする。中長期計画や年次計画を絶えず発信する大企業と比べ、中小企業では普段は戦略や方針があいまいな場合が多い。中小企業でも起業、第二創業（新事業・新分野進出）、事業再生、事業承継などに際し、戦

略や方針とそれに基づく具体的な戦術や計画が備わるべきである。

　そう考えれば、中小企業でもM&Aという特殊で大きな転機を経た時点での理念やビジョンを改めて提示するのが望ましい。M&Aを経てからの新たな経営戦略や、個別の事業や業務分野の戦略は、これからの理念やビジョンを確認しながら構築するべきものである。

⑷　PMI方針のブレイクダウン

　PMIの全体方針も、その上位で掲げられる理念やビジョンも、分かりやすいものとして、個々の行動計画にまで落とし込む（ブレイクダウンする）ことが肝要である。特に、これからのビジョンがなければ、てんでんばらばらになりかねない。PMIの統合作業をはじめにくい。譲受側の社員にとって、経営者から示されているビジョンはM&Aの前と大差ないかもしれないが、譲渡側の社員が加わるからには、新たなビジョンが掲げられ、それがブレイクダウンされてこそ、組織は新たにスタートできる。

　PMIの統合作業（STEP3）では、トップが経営の方向性を伝えるメッセージは、社内外の関係者との信頼関係を構築するための礎にもなる。理念やビジョンのほかに、Mission（使命・存在意義、やるべきこと）やValue（価値観、なすべき行動）などを明確化するのが望ましいとよく指摘される。ただ、これらの用語はいずれも抽象的で区別しにくい。違いをあまり意識せず、大まかな経営の方向性をビジョン（将来への展望・道筋、目指す姿）で示すだけでも、事業の継続性を確保するうえで十分に有意義といえる。

⑸　一体感を目指す地道な過程

　PMIでは、各部門や個々の社員には、仕事の新たな進め方を極力早く実践してもらいたい。方針にそぐわない展開は是正したいものだ。仕事の進め方やその重要性の理解を深めるには、裏付けとなる判断基準を提示するのが望ましい。通常の企業活動では、経営方針を浸透させて個々に目標

を設定する場合、面談によって納得感を形成しようとする。だが、PMI の集中実施期には、まだマネジメントシステムが確立されているとは限らない。なおかつ100日プランという短期間で行う。会社が決定した方針を優先するにも、指示が強引と受け取られかねないのである。

　したがって、PMI で会社の方針を浸透させるには、社員の気持ちに訴える比重が大きくなる。親近感の醸成や価値観の共有は、一朝一夕には成し得ない。100日プランの期間は短いのに、地道につくっていくしかない矛盾をはらむ。特に、譲渡側から加わった社員へのケアは欠かせない。

【5】PMI の STEP 4（PMI が一段落して以降の段階）

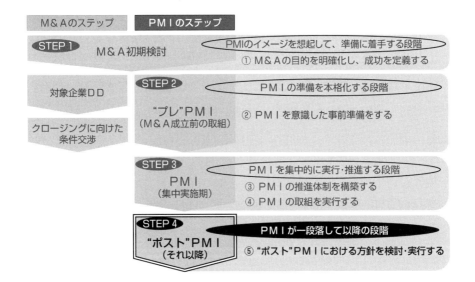

(1)　ポスト PMI の段階

　PMI の集中実施期（STEP 3）を100日プランに基づいて進めると、100日目以降は PMI の後段階のフェーズ（"ポスト" PMI = STEP 4）となる。

　STEP 3の作業は、従業員にとって一度限りの特殊な手続きであり、新たな仕組みにもとづく業務の遂行は、とかく混乱しがちである。そして、STEP 4の時期に差しかかると、現場（各部門組織）では、新しい仕組みに慣れて、業務が一応は順調に流れはじめる。経営レベルでは、そろそろ次年度の計画や予算編成など、ルーチンの定型的な意思決定に取りかかる。それは取りも直さず、日常業務に忙殺されはじめる状況である。

⑵　事業「磨き上げ」の必要

　PMIの後段階（STEP 4）における最重要課題は、事業の「磨き上げ」（ブラッシュアップ）を通じた事業価値や企業価値の向上である。

　そもそもPMIで目指す方向は、M&A当初からの目的の実現と統合効果の最大化である。統合効果を言い換えれば、シナジー発揮である。M&Aを行う過程で、資産の整理や債務の圧縮がすでに進展していれば、業務の効率化や収益拡大による各種シナジーの発揮に邁進できるであろう。

　中小企業には、M&Aの譲受側であっても事業計画を作成していない会社が少なくない。M&Aを機に、PMIを通じて理念やビジョンの再定義を行い、経営計画で事業や会社の将来像を明らかにしておきたい。また、経営計画を作成して事業価値や企業価値を定量化できれば、シナジーの有無を把握できる。

　なお、経営計画の作成には、内閣府知的財産戦略推進事務局が広く提供している「経営デザインシート」を活用してはどうか。この経営デザインシートは、環境変化を見据え、自社や事業の「これまで」の理解にもとづき「これから」を構想する狙いで使えるとされ、「将来を構想するための思考補助ツール」と銘打たれている。

⑶　PMIのモニタリング

　モニタリングには、監視、観察、観測などの意味がある。PMIのモニ

タリングで行うべき内容には、①現場レベルの「100日プラン」実行のマイルストーンチェック、②統合作業で形成されたディスカッション機能の常態化、③次期経営計画策定以降への継続性維持、④重要業績評価指標（Key Performance Indicator：KPI）の設定などがある（KPI については、第2章での説明を確認されたい）。

　経営レベルでは、幹部会議や機関決定において、PMI で計画した事項の推進できているかを検証するべきである。さもなければ、M&A の所期の目的も、シナジー発揮に向けた戦略も、次第におざなりになって、統合当時に費やした熱意や労苦も過去のものとなりかねない。

　PMI を遂行したところ、DD で掌握できなかった問題が判明するケースや、内外環境の変化で予期しなかった課題が生じるケースがある。これらによる影響が将来的な成長や業績見込を左右しかねない場合には、PMIで構築した戦略や方針の見直しを図る必要を迫られる。

⑷　新たな企業文化の形成

　PMI で目指す項目に、企業文化の融合が掲げられることがある。企業文化とは、企業の社員が身につける立ち振る舞いの全体を指す。企業文化は、企業の歴史的背景や事業構造に基づき、中小企業の場合、オーナー経営者のパーソナリティにも影響される。時間をかけて独自に各企業の文化が形成され、企業の社員の価値観・思考様式に染みつき、あるいはにじみ出てくる。

　日々の業務に明るく元気に取り組む企業、営業活動を意欲的・挑戦的に展開する企業、品質や原価の管理を堅実に行う企業、意思決定に慎重で時間を要する企業など、いずれもその企業文化は、時間をかけて社員に根付いた行動から、次第に培われてでき上がる。

　理念やビジョンは新しいものの構築を目指して、構築できたら旗印として掲げることができる。浸透して、社員の考え方や行動に根付くようになっ

て、新しい文化は形成される。時間をかけて、徐々に形づくられていく。

　経営者も、PMI 実務担当者も、PMI 支援者も、企業文化の融合を目指すと標榜するよりも、まずは新たな理念やビジョンを打ち出せばよい。日々の業務には、理念にもとづき、意識的にビジョンの実現を目指して取り組んで、親近感の醸成や価値観の共有が成されるうちに、新しい企業文化は無意識的に形づくられるであろう。新たな企業文化は、早々簡単には形づくれないと思っておくべきなのである。

中小 PMI の進め方

Ⅰ──M&Aを成功させる初期検討

【1】企業価値を高める手段としてのM&A

　M&Aの成功とは何か。言うまでもなく、M&Aは経営戦略や事業戦略の達成といった企業価値を向上させる手段であり、M&Aの成立そのものが成功ではない。M&Aの成功とはM&Aを実行することにより、狙った領域を獲得して、その領域が相乗効果をもたらし、またはもたらすようにPMIを実行して統合効果を最大化させることである。

　富山大学の森口教授は、M&Aを経験した日本企業119社に対して「M&Aの成功に向けてどの局面が重要であるか、上位3位まで」という調査を2016年に行っている（**図表2-Ⅰ-1**）。重要局面の第1位としては「戦略立案」（36社）が最も多く、次いで「ターゲット選定」（28社）、これに続いて「PMI（M&A後の統合作業）」（24社）となっている。

　M&Aを成功させ、企業価値を高めていくうえでもM&A初期検討時の「戦略立案」、「ターゲット選定」は非常に重要であり、後工程のPMIの成否にも大きな影響を及ぼす。また、第1位〜第3位までのトータルでは「PMI（M&A後の統合作業）」と答えた企業が最も多い結果となっている（第1位24社、第2位19社、第3位42社、計85社）。経営統合、信頼関係構築、業務統合といったPMIの取り組みもM&Aを成功させる最重要局面といえる。

　ではM&A初期検討のステップでは何を実施すべきか。まずは自社の現状分析を行い、経営戦略や事業戦略を明確にして成長ストーリーをイメージすることが大切である。なぜなら、このイメージが具体的であるほど、M&Aの実行段階からM&A後のPMIにおいて、自社がどのように行動すべきかの判断基準となるからである。成長を実現するために、自社

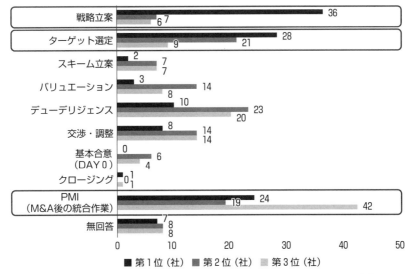

図表2-Ⅰ-1 ■M&A成功への重要局面

出所：富山大学　森口毅彦氏著「わが国企業におけるM&Aの成否評価とPMIの実態～アンケートによる実態調査研究にもとづいて～」（平成29年3月）をもとに筆者が再編加工

　の経営資源を使うのか、他社の経営資源を使うのか。時間や技術、取引先との関係性などを総合的に勘案して他社の経営資源を使うと判断した場合にM&Aという手段を活用する。

　手段であるはずのM&Aを目的化した失敗企業が後を絶たない。自社の現状分析を実施しておらず、M&Aを実行する真の目的を持ち合わせていなかったためと考えられる。**図表2-Ⅰ-2**にある通り、M&A実施後の総合的な満足度調査では全体の24％が期待を下回っていると回答しており、「相乗効果が出なかった」が一番の理由としてあげられている。これはM&Aを目的化してしまった企業が、統合作業であるPMIを軌道に乗せることができずに、当初期待した効果を発揮できなかったことが要因と考えられる。

　また、**図表2-Ⅰ-4**にあるようにM&Aのきっかけ調査において第三

図表2-I-2 ■M&Aの総合的な満足度

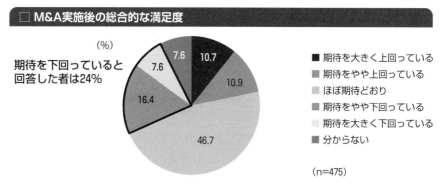

図表2-I-3 ■M&Aの満足度が期待を下回った理由

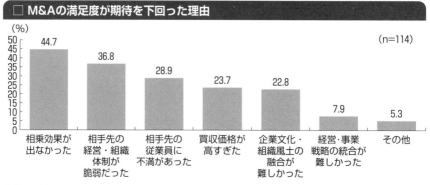

出典：三菱UFJリサーチ＆コンサルティング（株）「成長に向けた企業間連携等に関する調査」（2017年11月）

（注）1．複数回実施している者については、直近のM&Aについて回答している。
　　　2．複数回答のため、合計は必ずしも100％にならない。

出所：中小企業庁「中小PMIガイドライン」（2022年）

　者持ち込みが42.3％、売手企業直接持ち込みが30.2％と、譲受側が意図せずに持ち込まれる案件が70％超となっている。維持存続型M&Aと言われる後継者不在企業を救済する案件が譲受側に持ち込まれた場合でも、しっかりと自社の現状分析を行い、企業価値の向上につながるかを判断すべきである。

図表 2 - I - 4 ■M&A の相手先を見つけたきっかけ

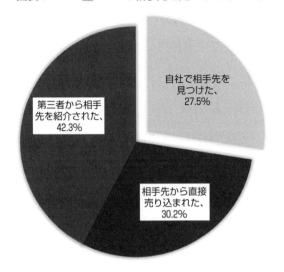

出所：三菱 UFJ リサーチ＆コンサルティング「成長に向けた
企業間連携等に関する調査」（平成30年 3 月）

　譲受側にとっての企業価値の向上とは、買収価額を上回るリターンが見込めて、買収により経営戦略の達成が見込めることである。企業価値向上の効果が見込めれば、M&A を実行に移していくべきである。

【2】 自社の成長ストーリーを明確にする

　譲受側の企業が、M&A を通じた企業価値向上に向けて成長ストーリーをイメージするのに、まずは自社のあるべき姿を明示することが必要である。経営理念やミッション、ビジョンを掲げて、自社が何のために事業を営むのかを明文化することが望ましい。

　経営理念とは経営者が大事にしている哲学や信条であり、企業の根本となる活動方針である。ミッションとは企業の存在意義や使命、事業を行う

目的である。ビジョンは経営理念やミッションを全うするための中長期的な目標である。いずれも譲受側の経営者が立案するものであり、自社の状況によってはM&Aという手段を活用して実現を目指すものだ。この部分をしっかりと明確化することができれば、M&Aを実行した後に企業価値を毀損するリスクを回避できる。

　この上位概念と現状との差を埋めるために、どの分野、方角で進むのかが経営戦略である。経営戦略達成のために、どのような手段を用いるのかが戦術であり、いつまでにどこまで進むのかを決めるのが目標である。

　経営戦略を決めるには、まずは譲受側の現状を正確に認識することが必要である。売上・利益の傾向、キャッシュフロー、生産性、損益分岐点といった定量面から、競合と比較した自社の「強み」「弱み」、組織文化、組織体制、バリューチェーンといった定性面の把握。そして、サプライチェーンやマーケットなど自社が属する外部環境の把握も必要である。

　中小企業経営者は長年その業界での仕事に従事しいている場合が多く、自社の強みを顕在的に認識されている方が少ない傾向にある。自社で当たり前に行っている活動が他社や他の業界では優れた強みになっていることも多い。例えば、牛乳販売店の地域に根差した配達力・保有情報は、地域介護の市場参入を目指す訪問介護会社にとっては大変な強みに映る。仕事に没頭する中で、段々と自社の正確な立ち位置を認識することが難しくなっていってしまう。このような問題の解決には、フレームワーク等を活用して譲受側の経営者が第三者の視点からの経営管理を行うことが有効である。

【3】 現状認識　ローカルベンチマークの活用

　ここでは、譲受側の現状を認識するツールとして、経済産業省が推奨しているローカルベンチマーク（以下「ロカベン」という）の活用を提案したい。ロカベンは自社の経営状態を「見える化」できる企業の「健康診断

図表2-I-5 ■ローカルベンチマークの活用目的

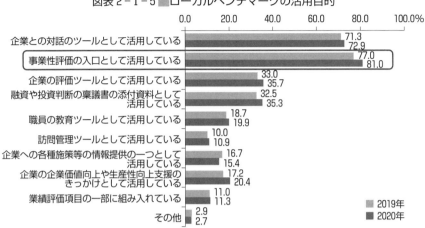

出所：帝国データバンク「令和2年度産業経済研究委託事業報告書」金融機関におけるローカルベンチマークアンケート結果

図表2-I-6 ■ローカルベンチマーク活用後の顧客企業の効果

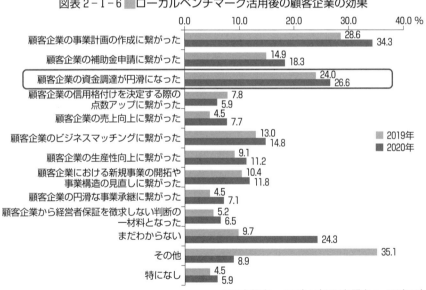

出所：帝国データバンク「令和2年度産業経済研究委託事業報告書」金融機関におけるローカルベンチマークアンケート結果

図表2-Ⅰ-7▨業務フロー図

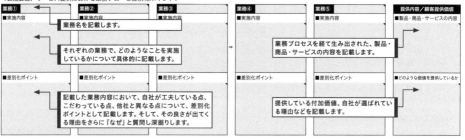

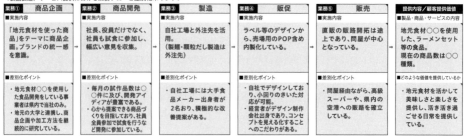

出所：経済産業省　ローカルベンチマークガイドブック企業編

ツール」である。このツールの優れた点は、自社の稼ぐ力や強み・弱みを把握できる点である。非財務情報の分析に優れ、従業員、社外の支援機関や専門家、金融機関と一緒に取り組むことにより、経営者が気付かなかった自社の魅力、課題を把握することができる。

　また、ロカベンは金融機関の94％が認知しており、約40％が活用している。事業性評価にも有効で（**図表2-Ⅰ-5**）、M&A による資金需要への融資も期待できる（**図表2-Ⅰ-6**）。

　ロカベンは財務分析と非財務分析のパートに分かれており、さらに非財務分析のパートは以下3つの「業務フロー」、「商流」、「4つの視点」に分かれている。以下、非財務分析パートの内容を説明する。

(1)　業務フロー

　「業務フロー」(**図表2-Ⅰ-7**) では、自社の製品・サービスをどのようなプロセスを経て提供しているかが理解できる。業務の流れを把握し、それぞれの業務の中で工夫やこだわりを持っている差別化ポイントを抽出することで、自社の強みを発見できる。また、商品そのものではなく顧客への提供価値を考えることによって、自社の存在価値をより明確に認識することができる。存在価値をさらに高めるために、どの業務を強化していくのかポイントを絞ることにも役立つ。

(2)　商流

　「商流」(**図表2-Ⅰ-8**) では他社との取引の流れから、自社がどのようにして商売を成立させているかが理解できる。自社が提供している製品・サービスがどのように他社と繋がり、エンドユーザーに届いているのか、仕入先や協力先から何を得て、どのような顧客に提供しているのか、仕入先や協力先を選んでいる理由、顧客から自社が選ばれている理由、どのような提供価値に貢献しているのかを考える。

　今後も継続して価値を提供し続けられるか、さらに高い価値を提供するには自社を取り巻くサプライチェーンの中でどの部分に注力すべきか俯瞰するのに役立つ。

(3)　4つの視点

　「4つの視点」(**図表2-Ⅰ-9**) は経営全般を俯瞰できるように、「①経営者」、「②事業」、「③企業を取り巻く環境・関係者」、「④内部管理体制」に分かれている。いずれも自社を把握するには欠かせない視点だ。既に明文化している場合を除き、ここでは特に「①経営者」における経営理念、ビジョン等を明確にしておくことをお勧めしたい。この部分が、譲受側にとってのM&Aの目的となるからだ。

図表2-Ⅰ-8■商流

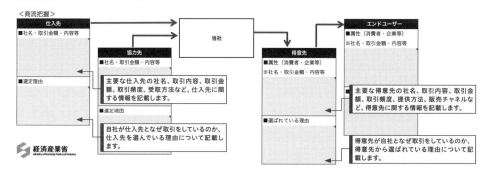

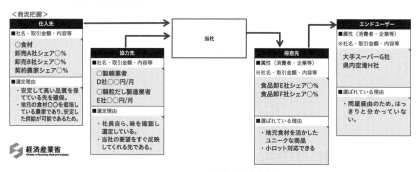

出所：経済産業省　ローカルベンチマークガイドブック企業編

⑷　課題設定

　非財務分析の「業務フロー」、「商流」、「4つの視点」を明らかにした上で、財務分析結果（**図表2-Ⅰ-10**）を参照し現状を認識する。将来目標に対するギャップを「課題」として「対応策」を考える。この対応策でM&Aが有効だと判断された場合に、企業価値を高める手段としてM&Aを実行していくべきである。

　譲受側経営者が幹部や従業員と共にロカベンを作成することにより、社内のメンバーと自社を把握し将来目標を共有した上でのM&Aの実行は、

図表2-Ⅰ-9　4つの視点　記入例

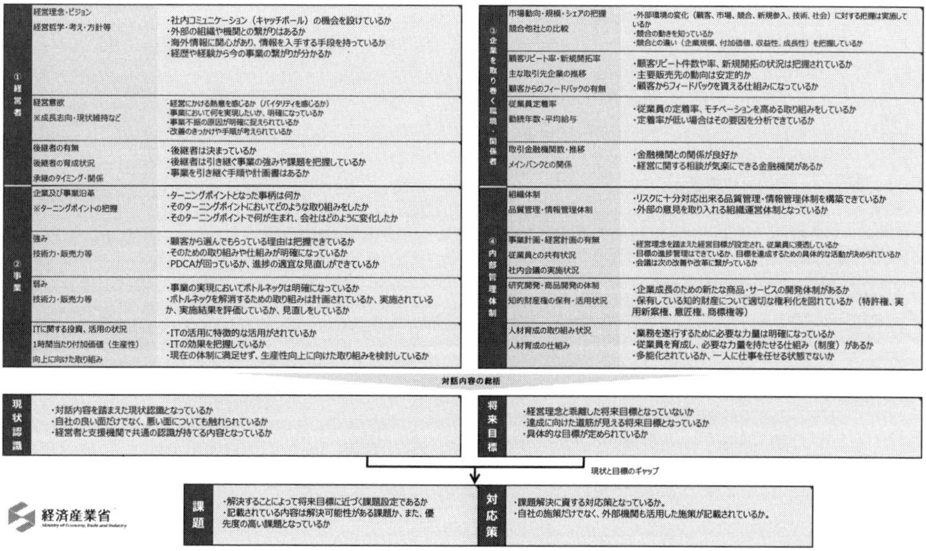

出所：経済産業省　ローカルベンチマーク利用マニュアル

　目的意識が明確となり譲受側メンバーの方向性を統一しやすい。そのため、PMI の実行時も譲受側の M&A の目的が共有されているという点で、譲渡側の運営にブレずに取り組んでいくことができる。

　手間のかかる作業であることは否めないが、M&A を失敗させないために、また、この手法は買収候補企業のデューデリジェンス時の分析でも使えるツールとなるため、ロカベンの作成に是非取り組んでいただくことを推奨したい。

図表2-Ⅰ-10　ローカルベンチマーク　財務分析シート

財　務　分　析　結　果

■基本情報

商号	株式会社○○

所在地	東京都○○
代表者名	○○　○○
業種_大分類	13　観光業
業種_小分類	1301　観光業
事業規模	中規模事業者

売上高	5,130,250(千円)
営業利益	15,000(千円)
従業員数	30(人)

■財務指標(最新期)

指標	2022年3月		
	算出結果	貴社点数	業種基準値
①売上増加率	7.8%	4	-4.2%
②営業利益率	0.3%	3	0.0%
③労働生産性	500(千円)	4	-379(千円)
④EBITDA有利子負債倍率	-0.1(倍)	5	13.7(倍)
⑤営業運転資本回転期間	0.8(ヶ月)	4	0.5(ヶ月)
⑥自己資本比率	35.4%	4	15.3%
総合評価点		**23**	**B**

■財務指標（過去2期）

指標	2021年3月			2020年3月		
	算出結果	貴社点数	業種基準値	算出結果	貴社点数	業種基準値
①売上増加率	-2.4%	3	-4.2%	-1.2%	3	-4.2%
②営業利益率	-0.3%	3	0.0%	0.0%	3	0.0%
③労働生産性	-393(千円)	3	-379(千円)	0(千円)	3	-379(千円)
④EBITDA有利子負債倍率	61.2(倍)	2	13.7(倍)	-	1	13.7(倍)
⑤営業運転資本回転期間	2.8(ヶ月)	1	0.5(ヶ月)	1.1(ヶ月)	2	0.5(ヶ月)
⑥自己資本比率	2.1%	2	15.3%	24.2%	3	15.3%
総合評価点		14	C	総合評価点	15	C

※ 1 各項目の評点および総合評価点は各項目の業種基準値からの乖離を示すものであり、点数の高低が必ずしも企業の評価を示すものではありません。非財務指標も含め、総合的な判断が必要なことにご留意ください。

※ 2 レーダーチャートで3期分の財務分析結果の推移が確認できるため、各指標が良化（あるいは悪化）した要因を非財務の対話シートを活用しながら把握することで、経営状況や課題の把握に繋がります。

経済産業省
Ministry of Economy, Trade and Industry

※総合評価点のランクはA：24点以上、B：18点以上24点未満、C：12点以上18点未満、D：12点未満

出所：経済産業省　ローカルベンチマークガイドブック企業編

【4】M&Aで何をどう実現するのか

　経営理念のもとに成長ストーリーを描いてM&Aを選択した際は、他社のどの領域を獲得したいかを明確にしておく。商圏、サプライチェーン、技術、人材、顧客、仕入先など。M&Aの目的を明確にして、期待するシナジー効果や売上目標など、何を達成できればM&Aが成功したと言えるのかを想定しておくことが重要である。このM&Aの目的と実現目標を具体的に言語化できるかどうかで、後々のデューデリジェンス、PMIステップの成否に多大な影響を及ぼす。言うなれば、M&Aを手段とした自社の成長ストーリーをいかに具体的に語ることができるかが、M&A後のPMIを成功に導く重要なポイントとなる。

Ⅱ——ビジネスデューデリジェンス

【1】 プレ PMI　M&A 成立前の PMI への準備

　プレ PMI のステップとは、主に M&A の基本合意締結から最終契約締結までの期間を指し、企業価値の算定やデューデリジェンス（以下、適宜「DD」という）と言われる買収監査が行われる。譲渡側に関するリスクを精査し、条件交渉が行われ、買収の是非を判断するステップだ。

　M&A の観点からは最終契約締結といったゴールに向かって行う一連の活動期間となるが、PMI の観点からは M&A を実施する目的の実現性を検証し、最終契約締結後の統合効果を最大化させるための準備期間となる。

　この期間で PMI に必要な情報をできる限り入手し、PMI で行う取り組みをあらかじめ計画する。例えば、当初描いていた経営の方向性を、譲渡側経営者からのヒアリングを通じて整合性を確認したり、意思決定プロセスの実態調査を行ったり、譲渡側経営者に集中していた権限を従業員へ移譲して組織的経営の確立を検討する等である。また、当初想定したシナジー効果の実現可能性や獲得したい領域の有用性などの把握に努め、統合後の集中実施期に向けた行動計画を策定しておく。

　この PMI への準備は M&A プロセスの早い段階から着手することが望ましい。図表2-Ⅱ-1のアンケート結果にもあるように、基本合意締結前や DD 実施期間中といった M&A プロセスの早い段階から PMI の検討を開始した企業が M&A に対して高い成果を得られていると実感している。

　この PMI の準備段階として、ビジネス DD を実施することが有効である。M&A の観点では法務 DD や財務 DD が重視され、ビジネス DD は軽視される傾向が高く、中には実施されないケースも散見される。しかし、

図表2-Ⅱ-1 ▇PMI の検討開始時期と M&A の効果／シナジー実現との相関性

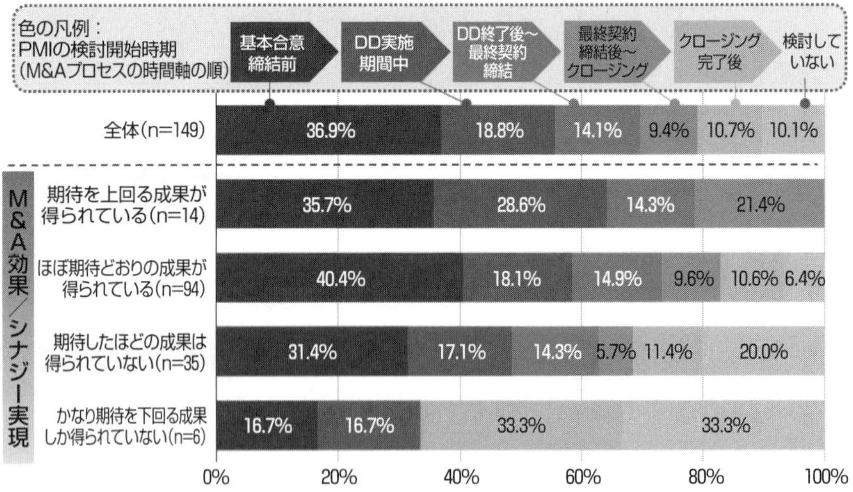

出典：三菱 UFJ リサーチ＆コンサルティング㈱「成長に向けた企業間連携等に関する調査」（2017年11月）をもとに再編加工

出所：中小企業庁「中小 PMI ガイドライン」（2022年）

PMI の観点ではビジネス DD は事業の実態と将来性を把握する調査であり、PMI を成功に導く重要な調査項目といえる。

【2】ビジネス DD で何を見る？

　ビジネス DD の目的は主に3つある。1つは「譲渡側が買収後も事業が継続できるかを検証すること」である。中小企業は社長に権限が集中していたり、売上が一部の従業員や顧客に集中していたりして、仕組みや役割分担が整理されておらず、リスクが分散されていないケースが散見される。買収後、経営に重要な要素が何らかの理由で欠けた場合に、通常通り事業が継続できなければ、買収資金を回収できずに追加投資も発生し、かえって企業価値が損なわれてしまう。リスクは分散できるのか、どのような対

策が有効か、譲渡側に求める条件は何かなども想定しておく。

　もう1つは「買収により経営戦略を達成できるかを検証すること」である。譲渡側の強みやビジネスモデル、譲受側とのシナジー効果を把握し、企業価値向上に向けた経営戦略の達成に寄与するかを見極める。

　最後の1つは「PMI が効果的かつ円滑に進むように計画をすること」である。これまでの譲渡側の経営方針の把握に努め、企業文化への理解度を高めながら、M&A を通じて達成したいことを、経営の方向性として明文化しておく。譲受側と一緒になり譲渡側の強みをどのように活かし、弱みをどのように克服するのか。緊急性、重要度、実現可能性、効果の観点から、買収後の統合事項に優先順位をつけ、PMI 集中実施期の取り組みを価値あるものに引き上げる。

　ビジネス DD で何を重点的に精査するかは買収目的によって変わってくるものの、上記3つの目的を踏まえ以下に事業継続性および買収後の PMI で重要な視点となる部分を中心に解説する。

(1)　譲渡側経営者の役割の把握

　ビジネス DD では、経営理念や企業文化など譲渡側経営者の考え方や方針を理解する必要がある。経営理念や企業文化の親和性は PMI 実行時の重要な視点である。譲渡側経営者が発信してきた経営方針がどのような内容なのか、社員には浸透しているのか確認しておく。譲渡側と譲受側の経営者の考え方は異なっているケースが多い。譲受側の経営理念や企業文化と比較して、どのような差異があるかを把握し、買収後に打ち出す経営の方向性への反映を検討する。また、統合後の譲渡側従業員の不安の低減や信頼関係が向上できるように準備をする。

　他にも、譲渡側経営者が行っている業務内容や取引先との人間関係を把握する必要がある。中小企業では経営者が果たしている役割は大きく、営業から仕入、人事、労務、技術開発などあらゆる業務を行っており、ブラッ

クボックス化している場合が多い。特に創業社長はカリスマ性が高く、その人柄で取引している顧客や、働いている従業員も多い。M&Aにより社長が退任した後も、通常通りビジネスが継続できるか。仮にできないと想定される場合、どのような対策が必要となるか。譲渡側経営者の役割についてより多くの情報を収集しておくことが必要だ。譲渡側経営者から引き継ぐもの、引継ぎ期間もDDの段階から明確に想定しておいた方がよい。

　さらに、決裁事項や権限移譲範囲を把握する必要がある。中小企業では従業員の権限範囲が曖昧で決裁事項は社長の一存で決まっているケースが少なくない。会議体や報告体制、権限移譲範囲を把握し、統合後、譲渡企業の社長が退任した後に、誰にどのような範囲で権限移譲を行うか想定しておいた方がよい。統合後、従業員が今まで経験のない場面で判断が必要になるケースが有り、業務が停滞する事態を避けるべきである。

⑵　譲渡企業のビジネスモデルの把握

　ビジネスDDでは、業務フロー・商流分析を行う必要がある。譲渡側がどのような業務フローを行い、どこから仕入をして、どのような顧客に販売をしているのか。譲渡側のビジネスモデルを理解するために事業全体を俯瞰することが必要である。

　先に紹介したローカルベンチマークの業務フロー、商流分析の活用により、譲渡側のビジネスモデルが把握できる。どの業務で商品やサービスの付加価値を創出しているのか、顧客がなぜ譲渡企業から購入しているのか、逆に購入しない理由は何かを勘案して強みと問題点を抽出する。

　譲受側により譲渡側の強みをさらに活かせるか、または問題点を改善できるか。当初の成長ストーリーの実現性を検証するとともに、買収後の譲渡側の課題解決の仮説を持っておくのにも有効な分析となる。

⑶　分野別売上利益の分析

　ビジネス DD では、顧客別・商品別・エリア別・担当者別・売上利益推移を分析する必要がある。多角的な視点から売上および利益構成を分析し、事業上重要な取引先を把握するとともに、商品やエリアごとの強みや弱みを把握する。

　この分析により、買収後のクロスセルや販売チャネルの拡大といったシナジー効果を検討する。また、売上が特定の顧客や担当者に集中している場合は、経営上のリスクが高いといえる。このような場合、継続のための顧客対応や担当者に対しての特別な処遇を考えるなど、統合後すぐに行動すべき事項の計画立案につなげる。

　他に、仕入先別仕入額推移を分析する必要がある。仕入に関しても、譲受側とのボリュームディスカウントの検討や、簡単に仕入口座を開設できない有力企業との取引がないかなど網羅的にチェックを行い、統合効果の向上を図る。

⑷　組織体制と従業員の状況の把握

　ビジネス DD では、組織図、従業員ごとの役職、年齢、勤続年数、資格およびスキルを把握する必要がある。中小企業は規模が小さく人員も少ないため、多能工化が進み、組織・個人の役割が不明確なケースが多い。組織名や役職、職種だけで役割を判断するのを避け、誰がどのような業務を行っているのか実態を把握すべきである。譲渡側の組織上および業務上のキーマンの特定に努め、協力依頼やリテンションの優先順位をつけておく。

　また、統合後新たな仕事を依頼するときに仕事量の不公平感を軽減し、ミスマッチが起こらないように注意を払う。統合後、組織的経営が実現できるように準備をしておく。

⑸ **人件費の把握**

　ビジネス DD では、譲渡側経営者および役員・従業員別報酬を把握する必要がある。人件費は、譲渡側経営者の報酬を原資としたクイック・ヒットの検討や、キーマンへのリテンションの際の報酬面での判断材料となるため個人別に把握したい。

　また、同業種や商圏内の水準と比較して低すぎる場合は、リテンションの観点から対策を打つことも考えられる。

　買収目的が明確に設定されていれば、ビジネス DD において当初の成長ストーリーの仮説検証がより行いやすくなる。PMI の集中実施期での有効な取り組み事項の計画立案にもつながる。M&A プロセスの早い段階から PMI が始まっていると意識し、取り組んでいくことが PMI を成功させるうえで重要な考え方となる。

【3】 PMI に向けた優先順位事項の選定

　ビジネス DD を実施する時期は最終契約締結前となるため、情報漏洩を防ぐ観点から活動範囲が限定される。そのため、譲渡側のすべてを把握することはできない。ビジネス DD で何が把握できていないか、把握するには統合後どのような対応が必要かを想定しておく。このステップではビジネス DD で獲得した情報を踏まえて成長ストーリーを再構築し、クロージング後に実行する取り組みの優先順位をあらかじめ計画しておくことが PMI の成功に向けて必要となる。

Ⅲ──PMIの推進体制

【1】統合プロジェクトマネージャーは誰か？

　中小PMIでは、譲受側の役員や事業部長が、PMIの企画から推進まで複数の役割を兼任することが一般的である。特に、比較的小規模（年商目安3億円以下）の企業が統合する場合には、基本的に譲受側の事業部長がすべてのPMIの取り組みに対応せざるを得ない。

　一方、従業員が100人以上いるなど比較的規模の大きい中小企業が統合する場合には、統合プロジェクトチーム（PMI推進チーム）が組まれることが多い。中小M&Aガイドラインによると、中規模・大規模案件におけるPMI推進に関与する平均人数は、譲受側が4.71人に対し、譲渡側は2.04人となり、合計で6～7人のチーム人数となっている。そこで最初に検討すべきことは、誰がそのチームを率いるか、つまり統合プロジェクトマネージャー（PMIer、インテグレーター）は誰が適任かという問題である。この問いに対しての答えは、2通りある。

(1)　M&Aに関わった人材

　譲受側の事業部長以外で、M&Aに関わった人材、管理職クラスがいるのなら、最後まで責任をもって統合プロジェクトマネージャーを担当してもらうことが原則である。なお、ここで言う「最後まで」とは、当初に見積もったシナジー効果などを具現化するまでのことである。

(2)　譲渡側の社長

　譲渡側の規模がある程度大きく、特に従業員数が多い場合には、譲渡側

の社長の役割が重要である。通常は得意先の引き継ぎなどを中心に 1 年程度の契約で相談役等の肩書として残ってもらうことが多いが、もっと積極的に、統合責任者として関与してもらうこともある。譲受側の経営者が統合プロジェクトのオーナー（最終決定権者）であることに変わりはないが、その実務は譲渡側の社長に任せて、今までの良い伝統や技能は守りつつ、今まで尽くしてくれた従業員のためにも、最後の責務を果たしてくれることを期待したい。もちろん本人の意思次第ではあるが、引き受けてくれた場合には、同時に後継者育成も約束事として実行してもらうとよい。それなりの規模の中小企業の場合でも、その会社の強みは、結局は社長個人の技術や経験によるものが多いからである。

【2】PMI 推進チームなど組めない場合どうするか？

　比較的小規模の企業同士が統合する場合には、譲受側・譲渡側ともに人員の余裕がないことが多く、基本的には譲受側の事業部長が、ほぼすべての PMI の取り組みに対応せざるを得ない。PMI の取り組みは通常業務に加えて行うため、日々現場の業務を担当している従業員には、それ以外のことを新しく考えて行う余力はないのが通常である。もちろん、事業部長も従来通りの日常業務に加えて譲受会社の経営まで見ないといけないため、さらに PMI という難題に 1 人で対応するのは至難の業である。そこで、以下のような対策が必要になる。

⑴　譲渡側の社長の協力

　中小 M&A ガイドラインには、「クロージングを迎えた後も譲り渡し側経営者は、PMI（M&A 実行後における事業の統合に伴う作業）として、譲受側による円滑な引継ぎ等に向けて、誠実に対応する必要がある。」と記載されている。そして、その「引継ぎ等」の内容としては、事業譲渡した

ことを従業員や取引先等に対して報告することや各種契約の名義変更はもとより、「業務フローの引継ぎ・業務管理体制の構築、給与体系・就業規則その他の人事労務関係の統一」に関しても、適宜協力することが望まれている。また、それらの作業に要する期間の目安としては、3か月〜1年程度としている。

　つまり、もし譲渡側の社長がM&Aの完了と同時に引退を希望されていたとしても、できる限りPMIにも協力していただく必要がある。そうでなければ譲渡側で今まで努力して築き上げてきた技術やノウハウ、得意先からの信用などが、徐々に消えてなくなってしまうことになりかねない。

⑵　PMI専門家による支援

　一般的に、M&Aを行う際に仲介会社を使った場合は、彼らは成約した途端に去って行く。それは仲介という本業に専念するためであり、PMIはまったく別の専門領域だからである。最近では引き続きPMI支援を行う仲介会社も増えてきており、その場合は一連の流れとして案内されるが、当然ながら費用は別料金として発生する。いったんここで落ち着いて、PMIは別の専門家に依頼することを検討した方がよいだろう。

　比較的小規模の企業同士が統合する場合には、コンサルタントを雇う資金的な余裕はないので、中小PMIガイドラインにも「中小M&AやPMIに精通した支援機関に必要に応じて相談しながら取組を進めることが望ましい。」と記載されている。その「支援機関」とは、具体的には以下の通りである。

図表2-Ⅲ-1 ▉PMI推進における支援機関

			想定される主な支援機関
経営統合			中小企業診断士、経営コンサルタント 等
業務統合	事業機能		中小企業診断士、経営コンサルタント 等
	管理機能	人事・労務分野	社会保険労務士、弁護士 等
		会計・財務分野	公認会計士、税理士 等
		法務分野	弁護士、司法書士 等
		ITシステム分野	ITベンダー、スマートSMEサポーター 等

出所：中小企業庁「中小PMIガイドライン」（2022年）

　ここで肝心なのは、1行目の「経営統合」と、2行目の「事業機能」である。全体を俯瞰して進めなければ全体最適にならず、各分野（人事・労務、会計・財務、法務、ITシステム）の社内担当者や依頼した業者の思惑によって、特定の分野だけに費用と時間が費やされてしまうことが、往々にしてあるからだ。

　なお、一般的に中小企業診断士や経営コンサルタントを雇う費用は、1人の優秀な正社員を雇うよりも安い。通常は毎日出勤するものではなく（コンサルタント側も、通常は競合しない複数社の支援を同時に請け負っている）、各種社会保険や福利厚生も不要だからである。また、専門家の費用は変動費であり、最初は契約期間を短くとって、働きが悪いと感じたり支援を受ける必要がなくなったりすれば、契約を更新しなければよい。逆に、無事にPMIを終えてシナジー効果が発揮された場合には、今までより関与度（と報酬額）は下げつつ、引き続き経営顧問として残ってもらうことも可能である（**図表2-Ⅲ-2**）。

図表 2 − Ⅲ − 2 ▆PMI 支援コンサルティング契約書の例

業務委託契約書

　株式会社○○（以下、甲という。）と○○コンサルティング株式会社（以下、乙という。）は、甲の経営改善のため、次の通り契約を締結する。

第 1 条（目的）
　甲は、主に M&A 後の統合プロセス（以下、PMI という。）に関しての支援を乙に要請し、乙はこれを受諾した。

第 2 条（実施方法）
　乙は、上記支援のため、月○回・○○時間以上甲の事業所を訪問し、また、甲の経営者及び担当者と面談し、調査・支援に当たる。甲及び甲の従業員は、乙の経営支援等に全面的に協力するものとする。

第 3 条（報酬及び支払）
　甲は乙に対して、上記支援の報酬として、着手金○○万円を支払う。以後の報酬は、改善支援の進捗状況にしたがい、毎月○○万円を支払う。支払方法は、毎月○○日に乙の指定口座に振り込むものとする。

第 4 条（契約期間）
　本契約の有効期間は、令和○○年○○月○○日より令和○○年○○月○○日までの 1 年間とし、期間満了の 1 か月前までに甲乙いずれかにより契約解除または改定の申し入れがないときは、自動的に 1 年間延長するものとする。以後もその例による。

第 5 条（資料・情報等）
　甲は、上記支援に必要な資料を乙に提供する。乙は、本件業務以外の用途に使用してはならず、善良なる管理者の注意義務をもって使用・保管・管理するものとする。

　～～～～（以降、必要に応じて再委託の禁止などの取り決めを書く）～～～～

　後日のため本書を 2 通作成し、甲乙記名押印のうえ各自 1 通保持する。

出所：筆者作成

　一方、専門家側としては、対話と傾聴（敬聴）により、何を課題として認識・把握するかという課題設定型の伴走支援を心掛け、「概ね1年間」の PMI 集中実施期を通して、社内に自律的な改善行動や戦略立案のノウハウが蓄積できるようになることを目指したい。

【3】 人材発掘とリテンション（慰留）の進め方

　M&A は、人材発掘のチャンスである。譲渡側の会社では評価されなかった人材が、譲受側の会社では高く評価されることもある。また、平時のルーチンワークが主体である時期には冴えなかった人材が、経営統合という有事に力を発揮することも往々にしてある。M&A の基本合意後、デューデリジェンスの段階において、各部署の中心人物、例えば、営業部のエースや企画開発部などのキーマンは誰であるかを確認するが、それはどうしても譲渡側かつ平時の評価であり、埋もれる人材が見落とされてしまうことが多い。

　デューデリジェンスにおいて重要な人物が特定されれば、その人には今後も安心して力量を発揮してもらえるように、個別に今後の待遇などを約束することが基本的なリテンション策（慰留策）である。

　また、現在の中小企業は一般的に人材不足であり、少なくとも統合後しばらくの間は従業員全員に残ってほしい。しかし、実際には経営統合を契機に退職する人が少なくない。譲渡側の従業員の半数以上が一斉に退職することもある。そうなると今までの通常業務さえ回らなくなるので、一般的に Day 1 と呼ばれる統合初日には、全社員に向けて双方の社長からメッセージを送ることが多い。その内容は、「私たちは何者であり、なぜこの統合を行ったのか」という高い次元での説明と、「今後は何が起こるのか、この統合はあなた個人にどのような影響があるのか」という具体的なレベルでの説明を行い、なおかつ、未来への明るい希望が持てるものでなけれ

ばならない。それと前後して、譲受側の社長または事業部長は、譲渡側の
従業員全員と個別面談を行うべきだ。きっと、リテンション対象リストに
漏れていた人材が見つかるだろう。

【4】なぜ「100日」なのか

　中小 PMI ガイドラインには、「Day. 100」や「100日までを目処に」等
の表現がある。これは、改革の意識が持続する時間として100日（あるい
は 3 か月）程度が適当であり、これより長期化すると緊張感がなくなって
しまうおそれがあるからだ。

　また、変化にさらされる従業員としては、 3 か月ないし100日が我慢の
限界であり、同時に当社と自分の将来を考えてしまう期間だからでもある。
漠然と転職を考えたり、とりあえず転職サイトに登録してみたりする人も
少なくないだろう。

　一方、経営者あるいは PMI 推進チームとしては、一旦の目処をつける
までの許された時間である。100日以内に従業員の心をつかむクイック・
ヒットを示すと同時に、何らかのシナジー効果など事業面でも一定の成果
を出すことが求められる。

Ⅳ──PMI の実行者に必要なスキル、ノウハウ

【1】プロジェクトマネジメント

　統合プロジェクトを進めるうえで必要なスキルやノウハウとして、まずはプロジェクトマネジメント自体を取り上げる。ここでは中小企業の PMI であることを念頭に、以降の3点に絞って説明する。

⑴　ステアリングコミッティ

　中小 PMI ガイドラインでは、「PMI の推進において必要な役割」として、①重要意思決定、②企画・推進、③実務作業、の3つに分けている。
　「重要意思決定」を行う機関は、一般的には「ステアリングコミッティ」と呼ばれるものであり、直訳すると舵取り委員会である。運営委員会と言われることもある。

図表 2-Ⅳ-1 ■PMI の推進体制

	組織・機関（誰が）	役割（何を）	進め方（どのように）
1	ステアリングコミッティ、運営委員会、社長、プロジェクトオーナー	経営判断、重要意思決定、指揮命令	定例会議で進捗確認を行い、判断・決定し、PDCA を回す
2	PMI 推進チーム、事務局、統合プロジェクトチーム、プロジェクトマネージャー	全体把握、企画・推進、人工・余力・予算・進捗管理	上記と下記の橋渡しし、調整、改善提案、危機の予測・早期発見と対処
3	分科会、各部署、現場、プロジェクトリーダー	具体的な実務作業（第4章参照）	取り組みテーマごとに担当者を決めて進める

出所：筆者作成

　さて、譲渡企業が比較的規模の大きい中小企業の場合には PMI 推進チームが組まれるが、そこでのプロジェクトマネージャーは譲受側の事業責任者であり、プロジェクトオーナーである譲受側の経営者に決裁を仰ぎながら進めることになる。具体的には、定例会議であるステアリングコミッティにおいて、ホウレンソウ（報告・連絡・相談）を行う。その内容としては、統合初期には戦略的な内容が多く、後半には進捗報告から次の一手に関するものが多くなる。

　一方、譲渡企業が比較的規模の小さい中小企業の場合には、PMI 推進チームは組まれないが、考え方としては同じである。事業部長が担当部署や従業員の動きを確認し、必要に応じて統合に関する戦略も修正する。なお、ここでの「戦略」とは、簡単に言えば「やることを決めること」であり、同時に「やらないことを決めること」と言ってもよい。中小 PMI ガイドラインでも「中小企業の人員や資金面の経営資源には制約があることから、すべての課題やリスクに対応することは必ずしも現実的ではない。」と記述されており、計画策定時はもとより、実行しながら成果が見込めなければ、その取り組みを中止するなどの経営判断も必要である。

⑵　チームビルディング

　譲渡企業が比較的規模の大きい中小企業の場合には、PMI 推進チームが結成される。その平均的なチーム人数は、中小 PMI ガイドラインによると前述の通り 6 ～ 7 人（譲受側4.71人＋譲渡側2.04人）となっている。出身母体の異なる混成チームであり、チームビルディングの意識が必要となる。チームビルディングとは、メンバー 1 人ひとりの能力や経験を最大限に活かし、目標を達成できるチームを作り上げる取り組みである。最初にチームビルディングさえ上手くできれば、以降の統合作業は確実に進行する。

　PMI 推進チームを結成しない場合でも、統合は部署をまたがる活動で

あり、それぞれの統合業務を行う部署や担当者の協力が必要なのは言うまでもなく、やはりチームビルディングを行うという意識は重要である。特に、チームメンバーや従業員それぞれの心理面についても考慮する必要があり、その点は後述する。

⑶　ガントチャート

　PMI 推進チームが存在しても、あるいは事業部長が1人で行う場合でも、統合にあたりタスク（やること、To Do）は多岐にわたり、それぞれ関連しながら期限が存在する。そこで便利なのがガントチャートである。他にも様々なツールはあるが、最も一般的であり使い勝手が良い。Day 1 時点では大項目だけ並べて大まかな期限を設定し、その後、中項目は担当部署の部長が、個別具体的な小項目は実施担当者が掘り下げて使えるようにすると良い。そしてステコミの際には、大項目あるいは中項目までの進捗報告とする。

　なお、どんなプロジェクトでも同様だが、チームで動く場合には、それぞれのタスクについて担当部署だけの記載では不十分である。誰が責任を持って行うのか分かるように記載すること（バイネーム表記）がセオリーである。

【2】　優先順位の決め方

　前述の通り、PMI 推進チームあるいは経営統合にあたる主要メンバーでチームビルディングを行い、ガントチャートを作成・共有してタスクとスケジュールを管理し、その進捗を確認して、状況に合わせて計画修正などはステアリングコミッティを通じて行うが、この一連の過程で重要になるのが優先順位である。同時に2つ以上のことを行う余力がない、あるいは1つに集中して必ずやり遂げるために、優先順位を定めることが現実的

図表 2 -Ⅳ- 2 ガントチャートの例

	大項目	中項目	小項目	期日 完了日	担当	10月 1-4	Day1 5-9	10-13	Day10 14-17	18-23	Day20 24-30	11月 1-3	Day30 4-5
1	信頼関係 の構築	社内	全社員向け説明会	10/5	両社長	準備 実施							
2			個別ヒアリング	10/15	各部長		開始		中間報告	報告			
3			無記名アンケート	10/29	事務局			作成	実施		締切・集計 報告		
4			・・・・・・・	・									
6		社外	主要取引先へ事前訪問	9/5	両社長								
7			その他の取引先へ挨拶	10/29	各担当	開始					終了		
8													
10	現状把握	ヒト	勤務実態、給与水準	10/15	人事部	開始			報告				
11			満足度、士気、改善活動		事務局				開始		中間報告		
12			組織文化の違いを整理	10/22	事務局		開始		報告				
13		モノ	設備耐用年数、稼働率	10/22	総務部		開始		報告				
14			材料や在庫の状況	10/22	製造部		開始		報告				
15		カネ	財務諸表、管理会計	10/15	経理部	開始			報告				
16			カテゴリー別の業績推移	10/22	経理部		開始		報告				
17		情報	両社規程類の違い整理	10/15	事務局	開始			報告				
18			部署内・部署間の連携	10/29	事務局				開始		報告		
20			各種ノウハウの俗人化	11/8	各部署							開始	
21	推進チーム の組成	形成	メンバー選定、目的共有	－	社長	開始							
22		混乱	具体的な方向性の検討	10/15	PM		開始		報告				
23		統一	行動計画の素案作成	11/5	PM					開始		完成	
24	行動計画 の作成	人事	就業規則、給与規定	11/15	人事部							開始	
25		設備	拠点統廃合、設備投資	11/22	総務部							開始	
26		製造	調達コスト削減、シフト	11/22	製造部							開始	
27		営業	得意先方針、KPI設定	11/22	営業部							開始	
28		入出金	会計ソフト、経費申請	11/15	経理部							開始	
29		情報	メールやHP等の統一	11/15	総務部							開始	
30		その他	・・・・・・・	・	事務局								

出所：筆者作成

である。では、どのように優先順位を決めるのか。

　2軸のマトリックスで検討する方法がよく使われるが、肝心なのは何を軸に取るか、という問題である。PMIにおいての課題、あるいはガントチャートに整理したタスクは、それぞれ緊急性や重要度、あるいは実行可能性（難易度）や、実現したときの効果が異なるものである。

　まず、緊急性が高いものとしてあげられるのは、1つは従業員の流出防止としてリテンション策の確実な実行である。中小PMIガイドラインにも「即効性のある就労環境の改善」等の記載があるが、早期にクイック・ヒットが実感できるものや、重複業務の統合などシナジー効果がいち早く見込めるものを、この緊急性のカテゴリーに入れて、早い段階での実現を目指すべきである。

　次に、重要度が高いものは、売上や利益の増加など統合本来の目的である大きなシナジー効果が見込めるものであり、時間はかかっても取り組むべき課題である。また、事業運営に必要な法的手続きや、社員の給与規定など欠かすことのできないものは緊急かつ重要である。なお、中小PMIガイドラインでは、業務統合の項目で「改善点について、優先順位を付けて対応」と記載されており、それぞれの業務について「改善点」の単位に分解して対応していくことを示唆している。

　そして、実行可能性（難易度）は、実施コストや必要期間、成功する見込み確率のことである。例えば、リテンションプランは緊急性が高く取り組むべきものではあるが、実行しても確実にリテンションできるとは限らない。一方、重複業務の統合は、その部署の余剰人員の削減などにより、配置転換される社員の心情はともかく、コスト削減が実現する可能性は高い。なお、このように実行可能性（難易度）の観点で整理すると、実施コストが低く必要期間の短いものが、クイック・ヒットの有力候補となる。

　実現したときの効果は、おもに業務統合におけるシナジー効果など、実際の利益に対する貢献度である。例えば、一般的に工場の統廃合など大が

かりなものは実現すれば効果は大きい。逆に、効果が小さいものはクイック・ヒットとして使えるものでなければ、優先順位を下げることを検討する。

　これら複数の観点で課題を整理するにあたり、緊急性と重要度および実現したときの効果は1つにまとめ、以下のような2軸のマトリックスを作成すると優先順位の決定にあたりチームで議論しやすくなる。

図表2-Ⅳ-3　優先順位のマトリックス

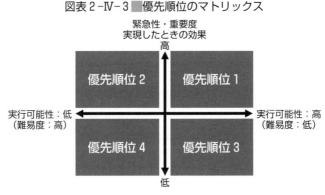

出所：筆者作成

　緊急性・重要度および実現したときの効果が高く、実行可能性も高い（難易度が低い）ものが優先順位1である。このカテゴリーが、今すぐ全力で取り組むべきものである。優先順位2は、緊急性・重要度および実現したときの効果は高いが、実行可能性が低い（難易度が高い）ものである。中長期的に取り組む必要があり、場合によっては作業内容を複数の項目に分解して難易度を下げるなどの工夫が必要である。

　続いて、緊急性・重要度および実現したときの効果は低いものの、実行可能性は高い（難易度が低い）ものが優先順位3である。優先順位が相対的に低いので、余力のある時に対応するものとして、優先順位の高いものへ支障がないように心がけたい。優先順位4は、緊急性・重要度および実

現したときの効果が低く、実行可能性も低い（難易度が高い）ものである。ここに時間と労力をかけるのは無駄である。当初の計画に盛り込まれていた施策であっても、PDCA の過程で気付いた時点で、これは「やらない」という戦略的な判断を下したい。

　なお、実行可能性（難易度）だけで1軸を使っているが、それは実現しなければ無意味であり、経営資源（ヒト・モノ・カネ・情報）の少ない中小企業では現実的な方法である。以下は参考までに、他の2軸の取り方を使ったマトリックスを紹介する。

図表2-Ⅳ-4 ■アイゼンハワーのマトリックス

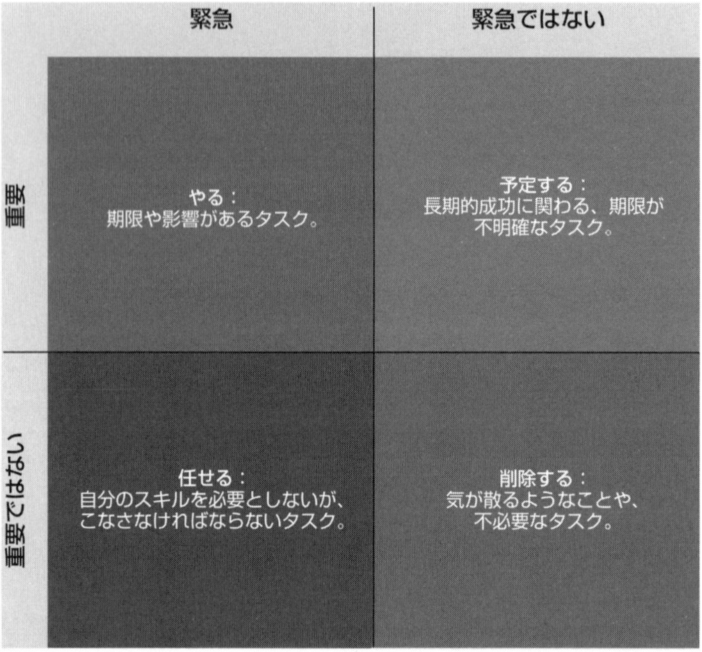

出所：https://asana.com/ja/resources/eisenhower-matrix

　この「緊急」と「重要」のマトリクスは、第34代アメリカ大統領のドワイト・D・アイゼンハワー（Dwight David Eisenhower）にちなんでアイゼ

ンハワーのマトリックスと呼ばれることがある。彼は、ある演説中に「私は緊急なものと重要なもの、２種類の問題を抱えている。緊急なものは重要ではなく、重要なものは決して緊急ではない」と言った。その趣旨から図表化したものが上記の図表だが、アメリカの大統領ではない私たちは、重要ではないことを他人に任せることはできない。しかし、「重要」の他に「緊急」という時間軸で考える必要性が示されている。

図表２-Ⅳ-５　成功したときの効果と難易度のマトリックス

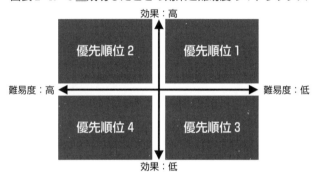

出所：筆者作成

　これは、商品開発や設備投資などの場合に使われるマトリックスである。それを行うコストや技術的な「難易度」と、それを成し遂げた時に見込まれる利益などの「効果」を軸に取っている。構成としては最初の図表と似ているが、PMI では平時とは異なるので、やはり「緊急性」の視点は欠かせない。

【３】PMI の現場で使える心理学

　PMI により、譲渡側と譲受側の経営資源が統合される。一般的に経営資源といえば「ヒト・モノ・カネ・情報」であり、すべて重要ではあるが、PMI では特に「ヒト」が重要視される。すべての成果はヒトによる行動

の産物であり、強みとなる技術や取引先も、職人や営業マンの属人的な要素が大きい。さらに、一般事務職員であっても、中小企業は慢性的な人材採用難であり、当社の事業に関わる教育・育成も済んでいる貴重な人材を流出させてはならない。それらの重要性とともに、ヒトには感情という扱いが難しいものを持っている。そこで、現場で使える心理学をいくつか紹介する。

(1)　タックマンモデル

　社内で横断的なプロジェクトチームが組まれた際、それぞれの考え方や行動スタイルが異なることから業務がスムーズに進行できず、思うように成果が出せないことが少なくない。特に PMI では、まったく出自の異なる従業員が一体となるものであり、意見の衝突が起きることも多い。衝突を避けるために自分の意見は言わない方が良いのだろうか。今は我慢してやり過ごせば、そのうち成果を出せるチームになるだろうか。これに対して、心理学者のブルース・W・タックマンは、チームの成長段階を示したモデルを1965年に提唱した。下記の図のように、混乱や衝突などの段階を経ることで理想的なチームへと成長するというものであり、日本でも古くから「雨降って地固まる」と言われるものと同様の概念である。

図表2-Ⅳ-6 ■タックマンモデル

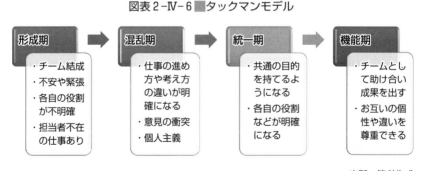

出所：筆者作成

　ここで肝心なのは、いかに混乱期をスムーズに通り過ぎるかということである。それには組織の目的やビジョンを明確にすると同時にコミュニケーションを活性化させ、各自の役割や責任を分かりやすく設定することが大切である。

　この混乱期には、自分が統合プロジェクトのマネージャーあるいはその支援者であれば、PMI の最中に社内で不和や混乱が生じても、必要な過程だと自分に言い聞かせて落ち着いて対応すれば問題ない。ただ、早く機能するチームとなって成果を出したいがために、あえて早期に衝突を促すようなことは避けた方がよい。自然に「雨降って地固まる」のならよいのだが、あまりマネージャーが意図的に操作すると、チームが崩壊したままマネージャーは孤立してしまう。当然ながらチームのメンバーは自分とは異なる人格や価値観を持っており、人の感情は操作できるものではない。つまり、こちらから仕向けるのではなく本人の内側から出るもの、何が行動原理となっているのかに注目したい。その一助となるものが、マズローの欲求5段階説である。

⑵　マズローの欲求5段階説

　PMI 推進チームはもとより、統合初期には従業員の心が大きく揺れるものである。特に譲渡側の従業員に対しては心情面での配慮が必要であり、統合の行動計画に積極的に参加してもらうためには、何が動機になるのかを理解しておきたい。

　この「マズローの欲求5段階説」は有名だが、だからこそ使い方には注意が必要だ。例えば、承認欲求を満たすため安易にサンクスカードを導入しても、「やらされ感」だけが残り、逆効果になる。その場合は、双方に何かしらの利益を付けるなどの工夫が必要となる。例えば、オリエンタルランドでは、サンクスカードをもらった数や内容を高く評価された従業員は、副賞付きで表彰され、定期的に開催されるパーティーやイベントに招

待される制度があるそうである。

図表 2-Ⅳ-7 ■マズローの欲求 5 段階説（会社版）

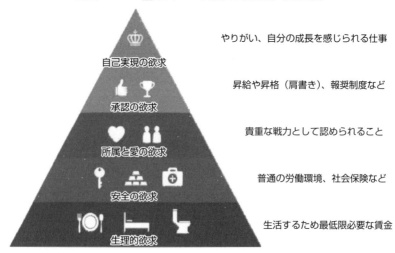

自己実現の欲求　　やりがい、自分の成長を感じられる仕事

承認の欲求　　昇給や昇格（肩書き）、報奨制度など

所属と愛の欲求　　貴重な戦力として認められること

安全の欲求　　普通の労働環境、社会保険など

生理的欲求　　生活するため最低限必要な賃金

出所：「マズローの欲求 5 段階説の教科書」等を基に筆者作成

Ｖ──PMI のスケジュール、段階ごとの実施内容

【1】Day 0 から Day 1 までの約 1 か月でやること

　Day 0 から Day 1 までの日数は、1 日ではない。Day 0 や Day 1 という表現は実務上の呼称であり明確な定義はないが、一般的には Day 0 を最終契約締結日、Day 1 をクロージング日（あるいはその翌日）としている。クロージングとは最終契約にもとづく決済のことなので、例えば譲渡代金の振込みは、通常は即日ではなく翌月末払い等になる。また、同時に株主と役員の変更や、場合によっては社屋など不動産の所有権移転登記も行う必要がある。

　本書の第 2 章Ⅱ「ビジネスデューデリジェンス」では、その冒頭に「プレ PMI のステップとは、主に M&A の基本合意締結から最終契約締結までの期間を指し、」と記述したが、この後の期間が Day 0 以降であり、本格的な PMI が始まる Day 1 を迎えるまでの貴重な時間となる。

　中小 M&A ガイドラインおよび中小 PMI ガイドラインでは、冒頭の「用語集」には Day 0 および Day 1 の定義がないが、中小 PMI ガイドラインの本文中には「M&A 成立後初日を起点に、経過日付ごとに、例えば 1 日目を Day. 1、100 日目を Day. 100としている。」と記述されている。よっ

図表 2-Ｖ-1 ■PMI 前後の全体スケジュール

出所：中小 PMI ガイドライン（2022年）

て Day 1 の定義はクロージング日（あるいはその翌日）として問題ないが、Day 0 という表現も M&A や PMI に関する書籍を読んでいると頻繁に目にする。実際の現場でも便利で使われる言葉だが、同じ社内で認識の相違が生じないように注意したい。

　さて、Day 0 から Day 1 までの約 1 か月間に何を行うかを考えるにあたり、改めて全体の流れを整理すると、まずプレ PMI ではビジネス DD として主に 3 つ、「譲渡企業が買収後も事業が継続できるかを検証すること」、「買収することにより経営戦略を達成できるかを検証すること」、「PMI が効果的かつ円滑に進むように計画をすること」を行うことを記述した。それに続く本節では、上記 2 つの「検証」は終わっているものとして、3 つ目の「計画」について掘り下げる。特に、Day 1 当日には具体的に何を行うのか、計画した施策について実行段階での進捗は何をもって判断するか（PDCA の C の指標は何か）という点が重要である。

　まず、Day 1 当日には具体的に何を行うか。一般的には経営者から全社員に向けてスピーチが行われる。統合することに決まったことは Day 0 にスピーチが行われていることも多いが、あらためて節目となる Day 1 には、今回の統合の意味や今後の方向性を、Day 0 の時よりも具体的に示すことが求められる。全社員に不安を生じさせず、明るい未来を示せるようなスピーチを心がけたい。そのため、この Day 0 から Day 1 までの期間にスピーチ原稿を作成する。特に譲受側社長のスピーチ原稿は、譲渡側の社員の心情に配慮した表現になっているか、事前に信頼できる譲渡側の社員にも見てもらい、感想を受けて十分に見直した方がよい。

　また、Day 1 以降の計画に関しては、誰が何をいつまでに行うかという明確で分かりやすい行動計画（アクションプラン）になっているかの確認と、それを行うことによる期待効果や目標数値、およびその達成度合いを測る指標を設定する。指標については KGI や KPI、KSF、KFS といったものがよく使われるが、会社によって定義や使い方がまちまちであり、社

員に浸透しないどころか不満のタネになるという弊害を目にする。一般的な中小企業の社員でも扱いやすく分かりやすい指標となっていることが肝心である。

KGI はキー・ゴール・インジケーターの略であり、ゴールの指標は一般的には売上高や利益額、新規契約数などである。PMI の人事面では、低い離職率を KGI の 1 つに設定してもよいだろう。

KPI はキー・パフォーマンス・インジケーターの略だが、これは中小企業の現場を動かすのに役に立つ考え方であり、便利な指標である。というのも、KPI は部署や従業員のパフォーマンスを測る指標として、そのプロセス（過程）に焦点をあてるものであり、各自がどんな行動をすればよいか明確になるものだからである。一般的には受注に結びつく商談回数や、その手前のアポ取り件数などを設定する。人事面で使う場合には説明会や懇親会などの回数や、現場から改善提案を受ける目標件数などを設定して、その数値が上がるような施策を行動計画に落とし込む。

なお、KSF はキー・サクセス・ファクターの略で、KFS はキー・ファクター・フォー・サクセスの略であり、ともに重要成功要因と言われる。会社によっては CSF、クリティカル・サクセス・ファクターと言うこともあるが、中小企業の現場では混乱するだけなので、使う指標は KPI だけにして、他は使わない方がよいだろう。

【2】PMI 集中実施期①最初の100日

中小 PMI ガイドラインでは、PMI プロセスを「集中実施期」と「それ以降」に分けており、集中実施期は「概ね 1 年」で、それ以降は「ポスト PMI」としている。さらに、集中実施期は、注釈として「※ 特に、PMI 推進体制の確立、関係者との信頼関係の構築、M&A 成立後の現状把握等は、100日までを目処に集中的に実施」と記載されている。そこで、本章

では「概ね1年」の集中実施期を、最初の100日と、それ以降の約265日に分けて、それぞれ行うべきことを整理する。

　さて、まずは上記引用の1つ目「PMI 推進体制の確立」であるが、これは本書の第2章Ⅲ「PMI の推進体制」で記述した。次に、「関係者との信頼関係の構築」に関しては、主要取引先を訪問して理解を得ることのほか、詳細は次節にて記述する。最後に残る「M&A 成立後の現状把握等」については、「現状把握」と「等」に分けて考えたい。

　まず、「現状把握」すべきものは何か。様々な視点があるが、「ヒト・モノ・カネ・情報」の切り口を使ってもよいだろう。「ヒト」や社風の現状を把握するためには、個別面談のほか**図表2-Ⅴ-2**のようなアンケート調査も有効である。ここで注意したいのは、個別面談や記名式のアンケートでは、本人の希望は聞き出せても、会社や上司に対する不満などネガティブな意見は、言ってくれる人が少ないということである。改善すべきところを探るため社内の悪いところこそ指摘を受けたい場合は、面談は事業部長や統合マネージャーなど社内の人ではなく、中小企業診断士などの外部コンサルタントが担当し、絶対に秘密は守ることを約束して行うことが多い。アンケート調査も同様に、社外の支援者と協力して調査票を作り、回答用紙は社内の人には見せずに統計的に、個人が特定できないように扱うことを約束して、安心して書いてもらうようにする。

　「モノ」に関しては、実際に現地・現場に入って、機械設備の修繕または取替えが必要ではないか、材料や商品の在庫が多過ぎないか、最適化するにはどうすべきか、などの確認が必要である。「カネ」は、おもに売上と利益、原価や販管費の実態が、プレ PMI でデューデリジェンスした通りかの確認であり、さらに詳しく具体的な現状把握に努める。「情報」は多岐にわたるが、例えば、顧客名簿に記録された顧客は実在するか、その内容は古くないか、製造や営業のノウハウは明文化されているか、属人的になっている作業は何か、などを現状把握するものである。

図表 2 - Ⅴ - 2 ▨従業員アンケートの例

社風に関するアンケート

　この度、職場環境の改善に向けて全社員を対象にアンケートを行うことになりました。この回答用紙はすべて外部専門家が統計データとして扱うので決して個人は特定されません。ぜひ、率直なご意見をお聞かせください。

Q1）　今回の経営統合以前に、あなたの属していた会社は、どちらですか？
【　Ａ社　／　Ｂ社　】

Q2）　上記で選択した会社の社風は、下記項目で、左右どちら寄りですか？
自由で起業家精神が旺盛	1	2	3	4	5	官僚主義的で閉鎖的
成果主義	1	2	3	4	5	年功序列
中長期的な戦略を重視	1	2	3	4	5	短期的な視点
チームワーク重視	1	2	3	4	5	個人主義
安定志向	1	2	3	4	5	成長重視
上からのトップダウンで動く	1	2	3	4	5	下からボトムアップする
行動してから考える	1	2	3	4	5	石橋を叩いて渡る
ほめて伸ばす	1	2	3	4	5	叱って育てる

Q3）　下記項目について、ご自身はどう感じていますか？
仕事にやりがいを感じる	1	2	3	4	5	やりがいを感じない
仕事内容は自分の能力に合っている	1	2	3	4	5	合っていない
仕事や職場環境にストレスを感じる	1	2	3	4	5	感じない
上司や同僚には恵まれている	1	2	3	4	5	恵まれていない
給料には満足している	1	2	3	4	5	満足していない
今後もこの職場で働き続けたい	1	2	3	4	5	転職を考えている

Q4）　その他、お悩みやご意見がありましたら、お聞かせください。
（自由記述）

アンケートは以上です。ご協力ありがとうございました。

出所：筆者作成

　次に、「現状把握等」の「等」とは何か。現状把握だけで100日が経過してよいものではなく、同時に何を行うか、あるいは何を意識して取り組むか、ということである。それは企業の規模や状況によって異なるので、前述した「優先順位の決め方」によるが、どんな場合でも共通するものがある。その1つは、あらためて考える間もなく実行すべき施策であり、例えばプレPMIで定めたキーマンへのリテンションプラン（慰留策）の実行である。もう1つは、早期に実現すべきクイック・ヒットへの取り組み開始である。

【3】中に入って初めて分かる現状とクイック・ヒット

　PMIで最初の100日間は、当初の計画通りには進まずPDCAの連続である。実際に2つの企業が統合して初めて分かる現状があり、それに合わせて計画は修正されるものである。この点について、中小PMIガイドラインでは取り組みのポイントとして、「M&A成立前のDDでは検知できないことがあること」、「譲渡側の経営者や一部の従業員のみに属人化している業務があること」、「業務に関する規程や帳票等が存在しないことや、存在していても実態と乖離していることがあること」の、3つを留意点としてあげている。

　また、同じく中小PMIガイドラインでは、「従業員等に取組の意義を感じてもうため、PMIの集中実施期は早期に成果を得られる取組（クイック・ヒット）を優先して行うことも併せて検討する」と記載されている。「〜も併せて検討」という表現になってはいるが、これは「必ず実行」すべき重要な要素である。何のために統合したのか、統合して良かったと思えるものを100日以内に示せなければ、100日以降のシナジー効果など本来の目的も、実現が疑わしくなるからである。中小PMIガイドラインでも、一例として「多くの譲渡側従業員が、M&Aの目的やメリット等を理解でき

ず、M&A に伴う従来業務の変更による負担増や不便さ等だけを感じ、モチベーションを低下させて作業効率が低下した」という失敗例をあげている。

　つまり、プレ PMI の段階で何がクイック・ヒットになりそうか見当をつけてから PMI に入るようにするが、実際にはクイック・ヒットの前提となる現場の状況が事前の想定と異なっていることも多く、そのため当初想定していたクイック・ヒットの実現は見込めないこともある。それでもクイック・ヒットは必要であり、何か新しいクイック・ヒットを用意しなければならない。例えば、事前には分からなかった問題が山積しているのならば、それを解消することでクイック・ヒットにすればよい。今まで解決できなかった問題が、今回の統合により解決に向かっていると思えるようになれば、モチベーションが上がり、好循環が得られるものである。

　なお、クイック・ヒットは売上増加やコスト削減など直接決算書に表れるものの他に、就労環境の改善など従業員のモチベーションに働きかけるものもある。中小 PMI ガイドラインでは、「Day. 100以内を目途に、クイック・ヒットとして即効性のある就労環境改善策」として、以下のような取り組み例をあげている。

図表2-V-3■即効性のある就労環境の改善

取組例

■ 譲渡側従業員に対してアンケートや個別面談等を実施して、従業員が普段不便に思っていることや改善してほしいことを把握する。
■ 施策の実現性やコスト、想定される効果等の観点から、実施する具体的な施策を選定する。
■ 譲渡側従業員からの希望を踏まえて、例えば以下のような取組を実施する。
　✓ 賃金引上げ等の処遇改善を行う
　✓ 旧式のオフィス機器を高機能のものに入れ替える
　✓ PC等のデバイスを一人1台支給する
　✓ 古くなっている従業員の制服・作業服を新調する
　✓ 従業員一人一人にメールアドレスを付与する
　✓ 従業員が使用するトイレを改修する
　✓ 社長賞等、従業員を表彰する制度を導入する

出所：中小企業庁「中小PMIガイドライン」（2022年）

【4】PMI 集中実施期②残りの265日

　中小PMIガイドラインではPMIの集中実施期を概ね1年としており、特に最初の100日に意識して取り組むべきことは前述したが、それに続く残りの約265日では何を行い、合計1年間で何を成し遂げればよいのかを確認しよう。まず、中小PMIガイドラインでは、構成上、基礎編・発展編とも、取り組み内容を3つの領域で示している。

　基礎編では「経営統合」、「信頼関係構築」、「業務統合」の3つであり、発展編では「経営統合」、「事業機能の業務統合」、「管理機能の業務統合」の3つとなっている。それぞれの詳細は次章で具体的に記述するが、ここではその前段として全体像を確認し、それを行うことによって得られる最終的なゴール、PMIの成功とは何であるかを改めて考え、そこに至るためにすべきことを整理したい。

　まずは、基礎編・発展編とも、1つ目の領域として経営統合をあげてい

図表 2-V-4　中小 PMI ガイドライン「基礎編」の構成

領域		概要
経営統合	① 経営の方向性の確立	**向かう方向性を示す** 譲渡側経営者の退任により失われる「会社のコア」を再構築
信頼関係構築	② 関係者との信頼関係の構築	**強みを発揮できる環境を整える** 譲渡側経営者の退任により遠心力の働く「強みの源泉」を結集
業務統合	③ 事業の円滑な引継ぎ	**実際に事業に取り組む** M&Aによって生じる「変化」に対応、業務を円滑に引き継ぐ

出所：中小企業庁「中小 PMI ガイドライン」（2022年）

図表 2-V-5　中小 PMI ガイドライン「発展編」の構成

領域		概要
① 経営統合		**経営体制の整備** 譲受側・譲渡側一体での成長に向けた基盤として、経営の方向性、経営体制、経営の仕組みを整備する。
業務統合	② 事業機能	**シナジー効果等の実現による収益力の向上** 事業活動における改善・連携を進め、売上・コストシナジーを実現することで収益性を高める。
	③ 管理機能	**事業を支える経営基盤の確立** 人事・労務、会計・財務、法務、ITシステム等、事業を支える管理機能の改善を進める。

出所：中小企業庁「中小 PMI ガイドライン」（2022年）

る。その概要としては、今後の向かう方向性を示して経営体制を整備すること、譲渡側経営者の退任により失われる「会社のコア」を再構築し、譲受側・譲渡側一体での成長に向けた基盤として経営体制、経営の仕組みを

整備することである。

　次に、発展編では省略されているが、信頼関係構築の領域である。これは、譲渡側経営者の退任により遠心力の働く「強みの源泉」を結集し、当社の強みを統合後も引き続き、あるいは一層発揮できる環境を整えることである。信頼関係を築く相手は取引先のほか、金融機関や当社の従業員なども含まれる。

　取引先や金融機関に対しては、早い段階で訪問するなど、遅くとも Day 100時点では理解を得られているはずではあるが、その後の取引実績によって、単なる理解から信頼関係の構築に至る。また、従業員に対しても Day 0 あるいは Day 1 での説明や、Day100以内のクイック・ヒットに引き続き、1年後の給料やボーナスに反映されるなどの成果があってこそ、信頼関係が構築される。

　最後に、業務統合の領域である。基礎編では M&A によって生じる「変化」に対応、業務を円滑に引き継ぐことであり、発展編では事業機能と管理機能の2つの領域に分けている。事業機能の統合は、シナジー効果等の実現による収益力の向上として、事業活動における改善・連携を進め、売上・コストシナジーを実現することで収益性を高めることである。一方、管理機能の統合は、事業を支える経営基盤の確立として、人事・労務、会計・財務、法務、IT システム等、事業を支える管理機能の改善を進めることである。

　PMI では、人事制度や情報システムの統合といった実務的な業務が注目されがちだが、それは単に会社が1つになるから制度やシステムを一本化するという話ではなく、両社の経営資源を土台として、将来に向けてビジネスモデルを再構築するために、その前提となるインフラを整えることが本来の目的である。

　さて、それらを確実に行った先には、どんな未来があるだろうか。それが目指すべきゴールであり、明確なビジョンとして示せるようにしたい。

　ここでの注意点としては、譲受側の企業にとっては、PMIに取り組む以前の、M&Aを行うことにした当初の目的がゴールであるが、譲渡側にとっては、それが存在しない。仮に、譲渡側企業は今回のM&Aがなければ後継者不在等により存続が難しかったとしても、それだけでは従業員は納得しない。中小PMIガイドラインでも、譲受側の「当たり前」を譲渡側に次々に導入した結果、譲渡側従業員から協力を得られず、事業の成長はおろか、今までの事業の運営すらも困難になったという失敗例を記載している。

Ⅵ──成長シナリオを描くためのプロセス

【1】有効なシナジーの模索、組織・要員のアップデート

　企業の成長シナリオは、常にバージョンアップを必要とする。特に M&Aの場合、プレ PMI の段階で目論んだシナジー効果は得られそうか、PMIに入って最初の100日で行った現状把握により、当初の計画よりもマイナスが生じることもあれば、新たな発見によりプラスが見込めることもある。

　また、統合した企業の資産価値を単純に貸借対照表を合算して見た場合、譲渡価額が時価純資産に利益の数年分など営業権（のれん代）を乗せているのであれば、その分だけ前株主など社外へ流出しており、マイナスからのスタートとなる。そこから何年で回収できるか、いわゆる年買法の場合は、その年数で回収できれば計算通りではあるが、そこにはシナジー効果は含まれていない。さらに、統合による混乱などで、それさえ達成できない場合も少なくない。

　統合による各種シナジー効果の発揮がなければ、Day 0 あるいは Day 1に示した明るい未来、例えば、個人の待遇アップなどの源泉が獲得できない。そこで業務統合の進捗や達成度合いを定期的に確認して、その状況に応じた手を打つ必要がある。それが PMI の実行者に必要なスキル、ノウハウとして前述したものであり、経営の本質とも言える。特に PMI の場合は平時と異なるので、今まで知らなかった個人の能力が発揮され、あるいは逆に、優秀だと思っていた人材が平時のルーチンワークでのみ優秀だったことが露見することもあるだろう。その事実を受け止め、正当な人事評価を行ったうえで、組織や要員のアップデートが必要となる。

【2】会社の成長シナリオを個人レベルにブレイクダウンして示す

　ここまで中小 PMI の進め方、具体的なスケジュールや実施内容について記述してきたが、すべての成果は従業員の行動によって得られるものであり、あらためて個々の従業員に焦点を当てた内容を確認しておきたい。

　まず、Day 1 には会社の将来像など「大きな絵」を示すことが必要とされるが、それと同時に個人レベルでの恩恵も示すべきである。というのも、一般的な中小企業の従業員は、大学卒業と同時に大企業に就職したエリートサラリーマンとは異なり、転職のハードルが低く、会社の将来や社長の夢などを語られても、関心を持たない場合が多い。そこで、会社の成長が自分の成長にもつながり、給料などの報酬も上がることを説明することが求められる。例えば、「今までと同じ仕事なら給料も同じだけど、今回の統合は変わるチャンスだから、みんなで少し会社を良くして給料に反映させよう！」と言ってもよいだろう。

　昇給を可能にするのは統合によるシナジー効果の発揮など会社の成長であり、それを実現する原動力は自分の成長であることに気付いてもらう。また、そこで求められる人物像、これから各自がどのような変化や行動が求められるのかのメッセージを Day 1 に示すのである。

　その後、改革の意識が持続する期間である Day100 までには、具体的な人事制度などを設計し、成果を出した人には表彰と金一封を渡すなど、クイック・ヒットを実現して見せることが重要である。そして 1 年後には、Day 1 で伝えた昇給などの約束を果たせるように、経営者と PMI 推進チームおよび支援者は、その覚悟を持って集中実施期という限られた時間での短期決戦に取り組みたい。

【3】PMI を通じた信頼関係の構築

　PMI を通じて、譲受企業と譲渡企業との信頼感を構築しようとしても、困難な状況に遭遇するケースが多い。その結果、M&A のシナジー効果を享受できず、M&A が失敗してしまうことがある。

　中小 PMI ガイドラインによると、譲受側（M&A を実施した企業）の心配事項として一番回答が多かったのは、譲渡側従業員の理解が得られるかであった。このことからも、PMI では信頼関係の構築が重要なテーマとなる。

図表 2-Ⅵ-1 ■M&A における譲受側の心配事項

項目	割合
相手先従業員等の理解が得られるか不安である	32.4%
期待する効果が得られるかよく分からない	30.8%
仲介等の手数料が高い	29.8%
判断材料としての情報が不足している	25.6%
相手先（売り手）が見付からない	23.8%
相手先の企業価値評価の適正性に不安がある	23.1%
買収資金の調達が困難	15.9%
M＆A を進める社内体制の構築が困難	13.8%
特にない	12.6%
自社役員等の理解が得られるか不安がある	8.4%
適切な相談相手がいない	6.3%
その他	1.2%

出所：中小企業庁「中小 PMI ガイドライン」(2022年)

　信頼関係の構築は、組織・文化の融合に向けて実施するべき取り組みであり、経営ビジョンの浸透や、従業員の相互理解、取引先との関係構築等を目指すことである。そこでの主要な関係者は、譲渡側経営者、譲渡側従業員、取引先、その他利害関係者の 4 つに大別される。

(1)　譲渡側経営者への対応

　譲渡側経営者との信頼関係構築にあたっては、はじめに M&A の目的や今後のすすめ方、引き継ぎ事項、変更事項等について同意するとともに、

一定期間の協力を得ることの意思確認を行うことが求められる。

　譲受企業は、経営者トップ面談前に譲渡側の企業情報や、譲渡側経営者に関する情報を可能な範囲で収集し、あらかじめ理解しておく必要がある。譲渡側経営者には、譲受側が優位という印象を与えないように中立的な場所で面談を行ったり、面談時の着座位置に留意したりするなど、相手への敬意を示す必要がある。譲渡側経営者が一定期間は残って協力してもらう場合には、その処遇（役職、報酬、在籍期間等）について合意の上で、書面（覚書等）に記録することが望ましい。なお、譲渡側経営者による関係者とのコミュニケーションは、M&A前、半ば、後と継続的かつ途切れなく行う必要がある。

　特に譲渡側経営者には、重要な得意先や協力会社の継続取引や、従業員の継続勤務に対して影響力を発揮していただく必要がある。そのため、外見的な統合後においても譲渡側経営者とのコミュニケーションを継続的にとり、協力関係の深化に努める必要がある。

⑵　譲渡側従業員への対応

　譲受企業は、譲渡側従業員に対してコミュニケーションをとり、不安や不信感を払拭させることで、協力を得られる関係を構築しなければならない。

　また、譲渡側従業員にもM&Aの目的や経緯、譲受企業の情報をタイムリーに、かつ正確に伝えなければならない。

　特に譲渡側従業員の中でも影響力を大きく持つ人材（以下「キーパーソン」という）に対しては、他の従業員に先行して、M&Aに到った背景や目的について、これからの経営の方向性について、事前に説明する必要がある。また、M&Aのプロセス全般に渡って意見を聞くなど密にコミュニケーションをとり、協力を得られるようにしておくべきである。

　さらに、1人ひとりの従業員が感じている不安や不信感を具体的に把握

するために、個別面談を実施することは不可欠であろう。譲渡側の業務が変更され、あるいは改善が必要になる場合には、従来の業務のやり方を尊重した上で改善の協力を求めることが望ましい。

⑶　取引先への対応

　譲受企業は、譲渡側の取引先との関係性を継続するため、M&A を実施したことを慎重かつ丁寧に伝えなければならない。適切に連絡しなかったことによる失敗例として、主要取引先に対して M&A 成立前の事前説明や相談を怠ったことにより不信感を招き、取引を縮小されたり停止されたりしたケースがある。また、M&A 成立後に少しずつ疎遠になり、半年後に取引を停止されたケースもある。そうならないためには、譲受企業が行っていた取引を、譲受側の事業部長が丁寧に引き継ぐことが不可欠である。その際、譲渡側の経営者から取引条件や取引経緯等を聞いておき、取引継続ための協力を得る必要がある。

　さらに、売上が特定取引先に対して集中している場合には、トップ面談など早い段階から取引継続の可否を判断しなければいけない。同時に、チェンジ・オブ・コントロール（COC）条項の有無や内容を確認することは不可欠である。

　譲受企業は、譲渡側の主要取引先へ事前説明を行うため、譲渡側の経営者と同行訪問を行うことも効果的である。ただし、M&A 成立前に訪問する場合には、情報流出リスクや信用不安を招くおそれがあることに注意すべきである。

⑷　その他利害関係者への対応

　譲受企業は、譲渡側の取引先以外の利害関係者とも信頼関係を構築しなければならない。例えば、地域における長年の事業活動を通じて関係を築いてきた幅広い外部関係者、協力業者（外注先、人材派遣会社等）、金融機

関、公的機関、事業用不動産が賃借の場合は賃貸人、各種組合や業界団体、許認可等の所管官庁等、事業を継続するうえで関係性の継続が必要な利害関係者については、譲渡側の経営者や従業員へのヒアリング等を通じて把握する必要がある。

　これら利害関係者への対応にあたっては、譲渡側の経営者や従業員の協力を得るとともに、必要に応じて支援機関にも相談することが必要であろう。

【4】企業文化の統合（融合）

　PMI において、企業文化に関する課題は大きい。PMI ガイドラインでは、M&A の満足度が期待を下回った理由の１つとして、「企業文化・組織風土の融合が難しかった」という項目をあげている。また、同じ図表内の「相乗効果が出なかった」や「相手先の従業員に不満があった」などの項目も、その真因は企業文化の統合（融合）に失敗したとも読み取れる。

図表 2-Ⅵ-2 ■M&A の満足度が期待を下回った理由

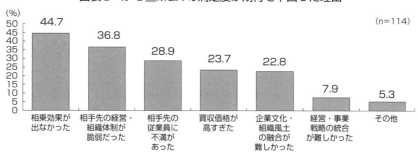

出所：中小企業庁「中小 PMI ガイドライン」（2022年）

　また、コンサルティング会社のウイリス・タワーズワトソンがフォーブス500社の CFO に対して行った調査によれば、M&A 後のシナジー実現を阻害する要因として、影響が最も大きいとされたのが「相容れない企業文

化」であった。

図表 2−Ⅵ−3　M&A のシナジー実現を阻害する要因

ランキング	シナジー実現の落とし穴	悪影響度 (7段階)	人材マネジメント の関与
1	相容れない企業文化	5.60	大
2	相手企業に対する管理能力の欠如	5.39	大
3	変革実行力の欠如	5.34	中
4	シナジーの不在あるいは過大評価	5.22	小
5	将来事象の予見不足	5.14	小
6	経営スタイル / 自尊心の衝突	5.11	大

出所：ウイリス・タワーズワトソン編（2016）「M&A シナジーを実現する PMI 事業統合を成功へ導く
　　　人材マネジメントの実践」（東洋経済新報社）

　M&A の経験者の多くからは、「譲渡企業とのカルチャーの違いから、様々な苦労をしている」という声が多く聞かれる。シナジーの早期実現を図り、M&A を成功に導くためには、譲受企業と譲渡企業の文化の違いへの対応が重要である。

(1)　企業文化とは

　企業文化とは、「その企業の社員が慣れ親しんだ、仕事のやり方」である。M&A では、企業間での異なる「仕事のやり方」を、どのようにマネジメントしていくかが重要な課題となる。

(2)　企業文化の相互理解

　PMI では、譲受企業と譲渡企業の信頼感の構築は必須であり、企業文化を融合させるためには、まずはお互いの企業文化を理解しなければいけない。

　それはつまり、経営理念から始まり、企業の存在意義を表すミッション、その実現にむけた中長期的な「ビジョン」、その達成のために従業員が大

切にすべき価値観や行動指針としての「バリュー」を理解することである。

　例えば、既存顧客に最優先で対応するというバリューを持つ企業は、新規顧客の獲得よりは既存顧客の維持深耕に重点を置くだろう。また、人材育成を最初に掲げている企業は、社員の成長を大切に捉えていると考えられる。

　このようなバリューを知ることで、企業文化の相互理解が進むことであろう。

⑵　企業文化の統合の３つの方法

　企業文化を統合させる方法として、①譲受企業へ融合、②新たに第３の文化創成、③両社の企業文化を維持、という３つの方法がある。

　第１の方法は、譲受企業の文化に融合させることである。統合後に事業や戦略に変更がなく、現状の仕事のやり方に別段課題が見出されない場合は、譲受企業の文化を見直す必要は低い。

　例えば救済合併や、確立したビジネスモデルを有する大企業が小規模の同業他社を買収する場合が、これに当たる。この場合、譲受企業の文化を継続し、譲渡側の従業員がそれを受け入れることが基本的な考え方となる。

　しかしながら、統合後の両社の持ち分比率や力関係から、一方的に譲受企業に仕事のやり方を合わせようとして失敗するケースも少なくない。統合によってビジネスモデルや事業戦略が変更され、本来は仕事のやり方を見直すべきにもかかわらず、単純に譲受企業の仕事のやり方を踏襲してしまうような事態が生じるおそれがある。例えば、首都圏事業で成功した企業が関西の同業社を買収し、首都圏の成功パターンをそのまま関西に展開することでシナジーが発揮されなかったというケースがあった。

　第２の方法は、統合後に新たな企業文化を策定することである。統合後のシナジーを生み出すためには、この方法が望ましいともいえる。両社のビジネスモデルや戦略を見直すことができ、それに両社が力を合わせて、

仕事のやり方を新たに作り出すことが理想的である。

　自社が持つ競争力の高い商品を異なる市場で販売する、あるいは相手方の販路に乗せて売上拡大を図るというケースでは、両社がともに新たな知識を身につけ、シナジーを最大化するために必要な仕事のやり方を生み出していかなければならない。注意する点は、新たな企業文化の骨格を譲受企業と譲渡企業が協働して作りあげることである。

　一方で、このアプローチは譲受企業の文化に融合する方法とは異なり、譲渡側の従業員にとどまらず、譲受側の従業員にも仕事のやり方の変化を強いるものである。譲受側の従業員が抵抗を示す可能性も考慮しなければならない。

　第3の方法は、当面の間は両社の企業文化を維持することである。M&Aを行っても会社を1つにせず、両社とも事業に大きな変更がない場合は、当面の間は両社が現状を継続していくことができる。この方法は、国内企業の海外 M&A において多く見かけるケースである。

⑶　ダイバーシティ・マネジメント

　ダイバーシティは直訳すると「多様性」であり、もともとは人種や宗教など根本的な違いを持った人々が共存する社会を表す言葉だが、最近ではもっと身近に、年齢や性別、能力、価値観などの多様性に対しても使われている。様々な違いを持った人々が共存し、互いに違いを認め合うことができる社会がダイバーシティであり、ダイバーシティ・マネジメントとは、そのような多様性を尊重することで、様々な人材の能力を最大限に発揮して、あるいは相互に刺激を受けて、事業を成長させていくという考え方である。

　日本では比較的最近まで男性の正社員が中心となる会社が多かったが、最近は女性や高齢者、アルバイトや派遣社員、外国人、障がい者など多様な人材が活躍し、事業発展の原動力となっていることが増えてきた。PMI

においても、この考え方に基づいて企業文化の統合を図ることができれば、一方的な押しつけや軋轢が生じることは少なくなるであろう。

　PMI に対する考え方を、企業文化の統合や融合というよりも、むしろ違いや多様性を前提とした異文化の併存としてとらえるのである。もちろん、意見の対立が生じることもあるが、その際は M&A で成し遂げたい目標を確認することで調整を行う。

第 3 章

経営の統合

Ⅰ──経営の統合とは

　経営統合のゴールとして中小 PMI ガイドラインでは次の事項をあげている。

---

① 譲受側・譲渡側の将来の指針となる経営の方向性を確立し、社内外の関係者の理解と共感を得ることで実現に向けた推進力を得る。

② M&A 後の譲渡側における経営・事業を適切に運営するための新たな経営体制を早期に確立する。

③ 譲受側・譲渡側が共同体として共に成長するための経営の仕組みを整備する。

　このゴールを実現するために、中小 PMI ガイドラインの中では経営の統合の具体的な取り組みとして経営の方向性の確立、経営体制の確立、グループ経営の仕組みの整備の3点を取り上げているが、本書では①経営の方向性、②知的資産と人的資産、③経営体制、④財務の4つの側面から検討する。

Ⅱ──経営の方向性をどうやって統合するか

【1】経営の方向性とは何か

　譲受側企業は、自らが描いた経営の方向性に沿ったM&Aを考え、譲渡側企業の経営資源を獲得しようとする。中小PMIガイドラインによれば、経営の方向性は、経営理念、経営ビジョン、経営戦略・経営目標・事業計画の3階層構造で示される（**図表3-Ⅱ-1**）。

　譲受側は、自社の経営の方向性にもとづいてM&Aを行うのだから、譲渡側に対して果たしてほしい機能があるはずである。ただし、譲渡側の従業員がそれに納得していないとその機能を獲得したことにはならない。譲受側の経営者が考えている経営の方向性を譲渡側の従業員と共有し、統合後の会社の経営の方向性を策定するプロセスが重要である。

図表3-Ⅱ-1　経営の方向性の体系

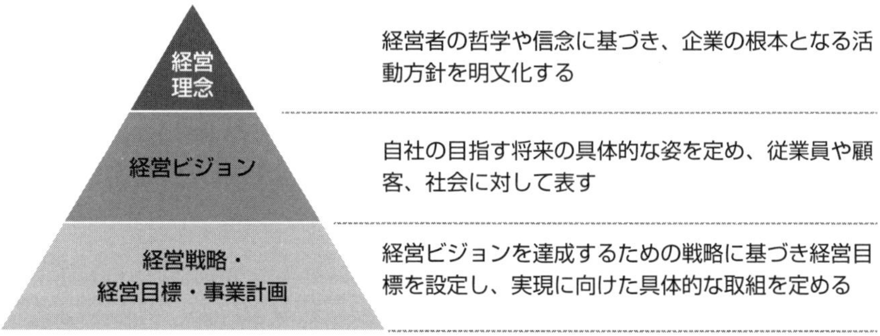

経営理念	経営者の哲学や信念に基づき、企業の根本となる活動方針を明文化する
経営ビジョン	自社の目指す将来の具体的な姿を定め、従業員や顧客、社会に対して表す
経営戦略・経営目標・事業計画	経営ビジョンを達成するための戦略に基づき経営目標を設定し、実現に向けた具体的な取組を定める

出所：中小企業庁「中小PMIガイドライン」（2022年）

【2】 中小企業における経営理念

　2022年版中小企業白書によれば中小企業における経営理念とビジョンの状況は、以下のように4点に整理される。

　第1に、経営理念があることは業績によい影響を与える。経営理念を明文化することは労働生産性の上昇によい効果を与えているという調査結果があり（**図表3-Ⅱ-2**）、経営理念のある会社の利益率が高いと言われることもある。

図表3-Ⅱ-2 ■経営理念・ビジョンの浸透と労働生産性の関係

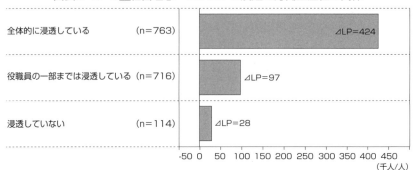

資料：（株）東京商工リサーチ「中小企業の経営理念・経営戦略に関するアンケート」
1．労働生産性＝（営業利益＋人件費＋減価償却費＋賃借料＋租税公課）÷従業員数。
2．⊿LP（労働生産性の変化）とは、2021年時点と2015年時点の労働生産性の差のことをいい、中央値を集計している。
3．「役職員の一部までは浸透している」は、「主任・係長クラスまで浸透している」、「部長・課長クラスまでは浸透している」、「経営層までは浸透している」の合計。

出所：「中小企業白書 2022年版」

　第2に、経営理念は多くの企業で明文化されているが、浸透しているとは限らず行動に結びついていないことが多い。アンケート結果では明文化率87.1％だが、従業員の行動に結びついているのは47％であった（**図表3-Ⅱ-3**）。経営理念が浸透していると公言している会社について、その一部の会社でしか実際に浸透していないことを意味している。

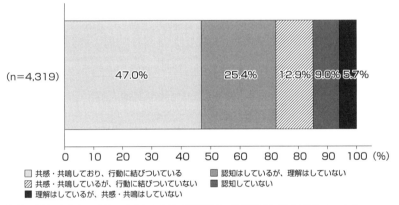

図表 3 - Ⅱ - 3 ▮経営理念・ビジョンの浸透状況

(n=5,293)

87.1% 12.9%

■ 経営理念・ビジョンを明文化している ■ 経営理念・ビジョンはなく明文化していない

資料：（株）東京商工リサーチ「中小企業の経営理念・経営戦略に関するアンケート」

(n=4,319) 47.0% 25.4% 12.9% 9.0% 5.7%

□ 共感・共鳴しており、行動に結びついている ■ 認知はしているが、理解はしていない
▨ 共感・共鳴しているが、行動に結びついていない ■ 認知していない
■ 理解はしているが、共感・共鳴はしていない

資料：（株）東京商工リサーチ「中小企業の経営理念・経営戦略に関するアンケート」
（注）経営理念・ビジョンを明文化している企業に聞いたもの。

出所：「中小企業白書 2022年版」

　第 3 に、事業承継を機に経営理念を策定したというケースが多く、見直しを行うことで経営戦略との整合性をはかっているケースがある。
　第 4 に、経営理念を浸透させるには経営者のメッセージに加えて、職場環境の整備や日々のコミュニケーションが重要である。
　以上の結果を踏まえて整理すると、経営理念を浸透させているケースが少ないことから、PMI は経営理念を浸透させ、それによって、業績を向上させるよい機会である。そして、経営理念を浸透させるには譲渡側、譲受側双方の従業員に経営者が有効なメッセージを発することが重要であ

る。

【3】経営理念・ビジョンの浸透が重要

　統合後の譲渡側に経営理念を浸透させてゆくことがPMIの大きなテーマである。

⑴　どのような経営理念を制定するか？

　経営理念構造には様々なものがある。単層型から4階層型まで階層の数にも差があり、文言についても企業内統合型、社会的適応型、両機能網羅

図表3-Ⅱ-4■経営理念の呼称や階層、分類

階層	呼称（企業名）
単層型	企業理念（大塚ホールディング）
2階層型	基本理念ー宣言（イオン）
	経営理念ー行動指針（住友林業）
3階層型	基本理念ー社是ー運営指針（本田技研工業）
	目指す姿ー宣言ー社是（大阪ガス）
4階層型	理念ーWayー行動規範ービジョン
	経営理念ー経営ビジョンーブランド・ステートメントー行動基準（東芝）

機能別分類	経営理念の文言
企業内統合型	楽業偕悦（キューピー）
	敬天愛人（京セラ）
社会的適応型	都市に豊かさと潤いを（三井不動産）
	常に人々の健康の増進と生活文化の向上に奉仕する（サンスター）
両機能網羅型	自由でみずみずしい発想を原動力にすばらしい夢と感動　ひととしての喜びそしてやすらぎを提供します（オリエンタルランド）

出所：『経営理念浸透のメカニズム』（田中雅子著）を筆者一部加工

型など様々である（**図表3-Ⅱ-4**）。どれが優れていると言えるものではなく、譲受側の経営者が決めるものである。

　一方、2022年版中小企業白書の中では、優れた経営理念・ビジョンの条件としては「明確さ」と「共有」を挙げている。すなわち、従業員に理解され浸透していることが重要ととらえている。

　譲受側がどれだけ優れた経営理念を設けていても、PMIを通じてそれが譲渡側の従業員に浸透していなければ意味がない。譲渡側にいかに浸透させるかが問題となる。

⑵　経営理念・経営ビジョンの浸透メカニズム

　『経営理念浸透のメカニズム』（田中雅子著）によれば、経営理念を組織に浸透させるには、3つのモデルがある。

　1つは経営者が従業員へ経営理念を強く語ることにより、経営理念を浸透させるというモデルである。

　次に、従業員の行動を観察させて経営理念を学習させるモデルである。従業員が経験を積むことが必要なので、時間をかけて社内に浸透させることになる。

　そして、社内の相互コミュニケーションや議論を通じて経営理念を理解させるモデルである。役員以上の人に対して経営理念を浸透させようとすれば、一方的に語るよりも、議論を行うことがよい。

　この経営理念浸透モデルにもとづいてPMIのプロセスを考えるならば、経営者が経営理念を繰り返し発していくこと、経営理念に関する議論を行うこと、譲渡側の従業員が日常の経営判断を経営理念にもとづいて行うように心がけさせることが経営理念を浸透させていくために有効である。

【4】 経営戦略・経営目標・事業計画の策定

⑴　経営戦略の策定

　経営理念を明確にすることができれば、それをもとに経営戦略を策定していくことになる。譲受側はM&Aを実行する前に経営戦略を策定しているが、それを譲渡側の従業員と共有できていなければ実行に移すことができない。それゆえ、PMIを通じて譲渡側の実態を把握したうえで、経営戦略の見直しを行うことが必要な場合も出てくる。

　一般的に経営戦略を策定するにはいくつかの手法がある。

　M&Aの検討段階では、PPMの考え方が参考になる。自社の事業への投資配分を市場成長率と市場占有率の2軸の中で考えるというものである。市場成長率や市場占有率という数値は、中小企業経営には一見関係の薄い手法に思えるが、事業の成長性や採算性をもとに資金をどこに投ずるかという戦略的考え方は、中小企業の経営においても活用できる。PPMの手法を事業計画に反映させ、 PDCAサイクルをまわしていくためには、事業別に売上・利益・キャッシュフローを把握する管理会計を導入する必

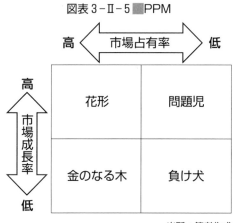

図表3-Ⅱ-5▮PPM

出所：筆者作成

要がある。

　また、SWOT の活用も効果的である。譲受側にとって M&A で重要なのは、譲渡側の強みが獲得できるということである。

　例えば、自動車の電動化という機会があっても EV 関連技術を保有していない企業にとってはこの機会を活かすことができない。そこで、M&A によって譲渡側の EV 関連技術という強みを獲得するのである。譲受側にとって M&A は経営戦略を実行するための手段であり、獲得した強みによって新しい経営戦略を実行できるようになる。

図表 3-Ⅱ-6 ■M&A による SWOT の変化

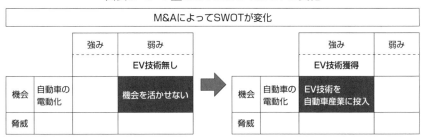

出所：筆者作成

　さらに、経営理念から経営戦略を考えるという発想に適しているものとして内閣府が提供している「経営デザインシート」がある。「経営デザインシート」はこれまでの延長線で将来を考えるのではなく、将来構想から戦略を考えていくというものである。

⑵　経営目標と事業計画の策定

　譲受側の経営目標には、定性的なものと定量的（売上・利益・CF、ROE など）なものがあるが、M&A に関係する経営目標としては定量的なものが重要である。

　株式取得のように M&A を現金対価で行う場合には、買収資金を回収

できる経営目標が必要であり、シナジー効果を求めてM&Aを行う場合には、シナジーを反映させた経営目標が必要である。M&A実行前に譲受側において設定すべきであるが、PMIを通じて実態にあわせて見直す必要が生ずる場合も多い。

　経営目標を実現するためのプロセスは事業計画において示される。事業計画は、数値計画と行動計画（アクションプラン）から構成されるが、数値計画は定量的な経営目標を設定するものであり、その具体策として行動計画が必要である。

【5】PMIにおける経営の方向性の統合プロセス

⑴　譲受側における経営の方向性の検討

　譲受側においては、M&Aを検討する段階（M&A初期検討段階）で、経営戦略を構想し、その経営戦略に基いてM&Aの目的を明確にし、買収先を決定するプロセスが必要である。譲渡側と知り合うことによって自社の経営戦略を見直すという場合もあるかもしれないが、いずれにせよM&A初期検討段階で、経営の方向性は明確にしておくべきである。

⑵　譲渡側経営者との共有と修正

　譲受側は、M&Aを実行する前に、自社の経営の方向性、M&Aの目的、譲渡側に期待する機能を譲渡側の経営者に説明し、理解を得ておく必要がある。譲渡側の考えている方向性が譲受側と異なる場合には、統合後に経営の方向性を修正するプロセスが必要となる場合が出てくる。経営の方向性がどうしても合意できない場合には、M&Aの実行を中止する方がよい。

⑶　経営の方向性の統合と公表

　PMIを通じて譲渡側の経営理念を策定する目的は、内部的なものと外

部に対するものがある。内部的なものとは、譲渡側の従業員の意識を統合し、モチベーションを持って業務を果たしてもらうことである。外部に対するものは、顧客や仕入先、金融機関、少数株主などのステークホルダーにM&Aの目的を理解してもらうことである。

　統合後の経営理念は、プレPMIの時期に協議を行い、譲渡側の経営者にも理解してもらう必要がある。そして、統合初日に経営者が発表するメッセージの中で、譲渡側の全従業員や外部のステークホルダーに対して経営の方向性を説明することが必要である。

　社長メッセージは、譲受側の視点になりがちであるが、譲渡側の従業員や外部のステークホルダーの視点も反映させるべきである。

⑷　経営目標・事業計画の策定

　経営目標や事業計画は、統合前に策定しているはずであるが、PMIを通じて譲渡側についての多くの情報を入手し、実態を把握することを通じて見直す方が良い。例えば、PMIの戦略分科会の活動の中で事業計画を見直すプロセスを設けるという方法が考えられる。

　もちろん、事業計画は、譲渡側と譲受側の双方の従業員が従うべきものであるから、分科会には双方の従業員が参加すべきである。

⑸　統合後のプロセス

　M&A実施後も、事業計画の進捗状況は、経営者が確認しなければならない。M&Aの目的を達成するためには、当初策定した事業計画を実現することが望ましいが、必要であれば、期中であっても事業計画を修正すればよい。経営者は、PDCAサイクルを回し、統合後のシナジー効果が発現できているかを確認することが重要である。

　また、統合後は双方の従業員に統合のシナジー効果を納得してもらうことが重要である。従業員が納得しているかどうかでモチベーションに大き

な差がでるためである。社内に対して、事業計画の進捗状況を共有することも必要である。

Ⅲ──知的資産と人的資産の統合

【1】 知的資産の重要性

　M&Aは、譲受側が自社の経営戦略を実行するにあたり、社外の経営資源を活用する目的で行われる。経営資源は工場などの物的資産のように目に見える資産である場合もあれば、知的資産のように目に見えない資産の場合もある。例えば、従業員の技術や技能、ノウハウ、顧客情報などである。

　中小企業において知的資産は、人、特に経営者に属している場合が多く、それがその企業の強みになっている場合がある。M&Aを含めた事業承継において知的資産をいかに引き継いでいくかという点が重要な構成要素である。

　中小企業においては一見、弱みに見える点が、譲渡側にとっての強みとなっている場合もある。顧客が自社ではやりたくない煩雑な工程を頼んでくる場合や、注文ごとに仕様が異なって手がかかる場合、短納期の注文ばかり頼む場合などである。これらは非効率であるという弱みにも見えるが、面倒なので他社がやらないような要求に応えることが、その企業にとっての強みになっているケースもある。このような顧客要求に対応することで受注を確保し、相応の対価を受けることによって収益の源泉になっている場合には、その企業の強みだといえるだろう。

　PMIを通じて譲渡側の知的資産の中で強みになっているものを統合後の企業にどうやって承継するかが重要である。

【2】承継対象となる知的資産

　事業承継において知的資産は次の通り、重要な構成要素と位置づけられる。知的資産は目に見えにくいので引継ぎが難しく、失われやすいのである。これはM&Aでも同じであり、PMIプロセスの中で引き継ぐ必要がある。

図表3-Ⅲ-1■事業承継における知的資産

人（経営）の承継	資産の承継
・経営権 ・後継者の選定 ・後継者教育　等	・株式 ・事業用資産 （設備・不動産等） ・資金 （運転資金・借入等）

知的資産の承継

・経営理念　　・従業員の技術や技能　・ノウハウ
・経営者の信用　・取引先との人脈　　・顧客情報
・知的財産権（特許等）　・許認可　等

出所：「事業承継ガイドライン」

⑴　経営者の信用

　中小企業経営において経営者の信用は重要な要素の1つである。経営者の信用にもとづいて顧客や仕入先との関係を構築してきた場合に、M&Aを機に経営者が退任することによって顧客や仕入先との関係を維持できないと事業が傾きかねない。

　一方、経営者の信用をうまく活かせば、譲渡側の顧客に対して譲受側の製品を売り込める可能性もある。後述する「クロスセル」の一種である。

(2)　従業員の技術や技能

　2021年版中小企業白書によれば、最も重視する経営資源として「技術者・エンジニア」が挙げられている。譲渡側の強みが技術力にある場合、その技術力を譲受側の事業に活かしていくことが必要である。M&A を機に譲渡側従業員が退職することがよく起きるが、技術力の源泉である有能な技術者・エンジニア・職人を M&A を機に失うようなことがあってはならない。

(3)　顧客情報

　顧客情報の承継は、整備されているデータを引き継げばよいというわけではなく顧客や仕入先との長年の取引において蓄積された目に見えない情報を引き継ぐことである。例えば、M&A の後、譲受側の判断で譲渡側の顧客向け赤字受注を取りやめた以降、損益が悪化するケースが考えられる。それまで、その取引先は採算のとれない案件を発注した後には量産型で利益率の高い案件を発注する、という実績があったのである『日本型 PMIの方法論』（竹林信幸著）。そういった情報を引き継ぐことができないと、顧客関係を引き継いだとは言えない。

　また、顧客の購買担当部門や決裁部門の違いによってクロスセルの効果が生じないケースや統合により顧客が注文を減らすケースもある。その顧客が譲受側の企業と譲渡側の企業の 2 社から購買していたが、その 2 社が統合することによって購買が 1 社に集中することになることを嫌って譲受側からの購買を減らすという場合である。顧客関係の承継に失敗しないように、顧客の実態を正しく把握しなければならない。

(4)　ノウハウ・取引先との人脈

　ノウハウや取引先との人脈も個人に属している場合が多く、M&A を機に従業員が退職することによって失われてしまうケースがある。M&A を

機に担当替えを行うような場合には、ノウハウや人間関係の引継ぎなどの
対策を講ずる必要がある。

　中小機構の中小企業の知的経営資産マニュアルによれば、知的財産権・
知的財産・知的資産・無形資産という分類をとっているが、人的資産や組
織力、技術力やノウハウのような知的財産は目に見えにくいため、PMI
においては特に留意する必要がある。これらがM&Aにおいて最も失わ
れやすいからである。

　また、知的資産を人的資産、構造資産、関係資産として分類した場合、

図表 3-Ⅲ-2　知的資産の分類

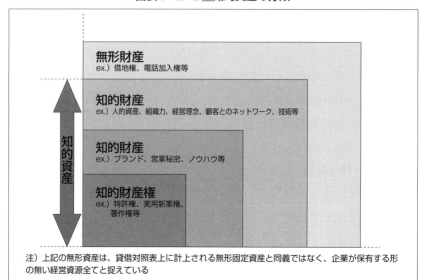

注）上記の無形資産は、貸借対照表上に計上される無形固定資産と同義ではなく、企業が保有する形の無い経営資源全てと捉えている

【MERITUMプロジェクトによる知的資産の3分類】

人的資産（human capital）	従業員が退職時に一緒に持ち出す資産
例）イノベーション能力、想像力、ノウハウ、経験、柔軟性、学習能力、モチベーション等。	
構造資産（structural capital）	従業員の退職時に企業内に残留する資産
例）組織の柔軟性、データベース、文化、システム、手続き、文書サービス等。	
関係資産（relational capital）	企業の対外的関係に付随した全ての資産
例）イメージ、顧客ロイヤリティ、顧客満足度、供給業者との関係、金融機関への交渉力等。	

出所：中小機構「中小企業のための知的資産経営マニュアル」

PMI においては最も失われやすいという意味で人的資産が重要である。

　システムや手続きなどの構造資産は従業員が退職しても会社に残るものではあるが、そこにも文書化されていない部分に従業員のノウハウが詰め込まれている場合がある。従業員の退職によって喪失するおそれがあり、PMI の取り組みで引き継ぐことが必要である。

　関係資産の中では供給業者との関係が強みになっている場合もある。譲渡側との取引では必要に応じて値下げや短納期の要求に対応してくれており、これが譲渡側の強みとなっているケースである。

【3】 知的資産統合のプロセス

　PMI においてこれら知的資産を統合していくには次のプロセスを取っていくとよい。

　第1に M&A を実行する前の段階において譲渡側の知的資産を把握し、それを譲受側がどう活用するかを考えておく。知的資産が人に属している場合には誰に属しているかを把握しておく。

　次に、知的資産が失われないようにするため、知的資産を有する従業員が退職しないように慰留策・リテンションを講じておく。

　さらに、PMI の段階では、譲渡側の知的資産を見える化するなどして統合後の企業に承継させるプロセスを取る。特に従業員が持つ技術やノウハウを文書化するなど、人的資産を構造資産化すると効果的である。あわせて、譲渡側だけでなく譲受側の知的資産も見える化し、譲渡側の従業員とも共有をはかっていくとよい。譲渡側・譲受側それぞれの人材の能力・スキルを見える化して統合することができれば、M&A による統合効果を増すことができる。

【4】譲渡側の知的資産の把握

　譲渡側の強みが工場設備や販売網、特許などであれば、譲受側は把握しやすい。しかし、知的資産は目に見えないため、それが何か、誰に属しているかという点を把握することは難しく、譲渡側自身も把握できていないケースもある。しかし、シナジーの実現や人材の慰留・リテンションなど多くのプロセスが知的資産に関係するため、譲受側は極力早い段階で把握しておくべきである。

　それゆえ、ビジネスDDを通じて、譲渡側の知的資産を把握することが必要である。森下勉『持ち味を活かす経営支援』によれば、自社の強みを見つける3つのアプローチを説明しており、これがM&Aのプロセスでも有効と考える。

(1)　製品・サービスからのアプローチ

　顧客に提供している価値、価値を生んでいる製品・サービス、重要成功要因、製品を生んでいる仕組み・人材、仕組みや人材を生んでいる理念という形で整理し、製品・サービスを起点として知的資産を把握するという

図表3-Ⅲ-3■製品から強みを見つける方法の一例

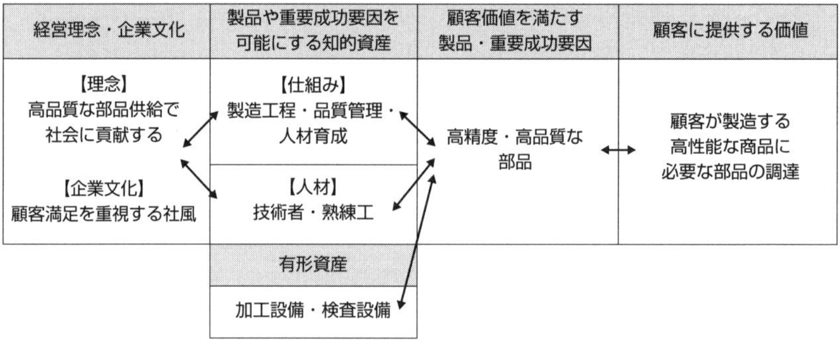

出所：筆者作成

アプローチである。

　例えば、譲渡側が高品質な部品製造業者である場合、製造工程・品質管理・人材育成といった仕組みや、技術者・熟練工という人材に強みがあることが分かる（**図表3-Ⅲ-3**）。

(2)　沿革からのアプローチ

　企業が現在の顧客に選ばれた経緯や理由、危機を乗り越えてきた際の対応などから強みを見出すアプローチである。例えば、競合先があきらめた高精度な部品を供給できるなど、顧客から選ばれている理由が強みである。また、製造工程を作り上げる取り組み、難しい技術にチャレンジする風土、意欲にあふれた人材など、選ばれるために取り組んで獲得したものも強みになる。

(3)　業務プロセスからのアプローチ

　業務プロセスを整理し、それぞれの業務プロセスの中に強みを探すアプローチである。この際、ローカルベンチマークの「商流・業務フロー」が使いやすい。

　ビジネスDDのように限られた時間内で、短時間のヒアリングによってアプローチする際に有効なツールとなる。

【5】 譲渡側の強みが属している人材の活用

　中小企業においては、経営者やベテラン従業員・熟練技能者に強みが属している場合が多い。経営者の信用力や人脈など、ベテラン従業員や熟練技能者のスキルやノウハウなどである。

　これを確実に統合後の企業に承継させるためには、譲渡側の経営者やベテラン従業員・熟練技能者に一定期間は残留してもらう契約を締結すべき

であろう。中小企業白書2021年版によれば、半数以上のM&Aにおいて、譲渡側の経営者がM&A実行後も、何らかの形で残留している。譲渡側の経営者が残るのは、強みの承継のためであるが、ベテラン従業員・熟練技能者が不安になることを防ぎ、精神的支えになるためにも効果的である。

　統合後に知的資産を見える化することができれば、譲渡側の経営者が退任しても構わない。譲渡側の事業を一定期間任せる場合には、事業部長や取締役などの管理職の立場で残ってもらえばよい。一定期間残留する場合には、その処遇、退任時期や退職金を最終契約の中で決めておく必要がある。

　一方、譲渡側には経営改革が必要な場合に、譲渡側の経営者がその障害になるのであれば、早期に知的資産を承継させ、早めに退任してもらう方がよい。

　ベテラン従業員や熟練技術者などに残留してもらうためには、譲受側の経営理念を理解してもらうことで信頼関係を構築することが重要である。もちろん、敬意をもった対応は欠かせない。また、統合後の事業において譲渡側の従業員にも、管理職に登用するなど重要な役割を果たしてもらうように処遇する必要がある。さらに、M&A実行後においても、譲受側の経営者との定期面談で相互理解を深めつつ、主体的な業務参加を促すと効果的である。

　なお、統合後1年程度経過後に退職する従業員が多いといわれている。従業員の慰留策・リテンションの手段として金銭的報酬を提供するのであれば、1年後に残留ボーナスを支給する方法もあるだろう。

【6】 譲渡側の知的資産の定着

　知的資産を統合するためには、譲渡側の知的資産を見える化するとよい。これには経営デザインシートが使いやすいツールである。このプロセスはそれほど急いで行う必要はないが、統合直後の集中期間（初年度）で行う

ことができれば理想ではある。

　しかし、知的資産は必ずしもすべて見える化できるとは限らない。例え
ば、譲渡側経営者の信用、技術、ノウハウなどは、文書化したから十分と
いうものではない。これらはその強みが属している「人から人へ」承継す
ることによって、統合後の事業に定着させていくことも必要である。

【7】譲受側の知的資産も見える化して知的資産を統合する

　PMIにおいては譲渡側の知的資産の承継が重要であるが、その一方で、
譲受側の知的資産も同様に見える化するとよいだろう。それによって、譲
渡側の従業員の譲受側に対する理解が深まるからである。また、譲受側の
従業員も自社の強みに気が付いていない場合があるため、PMIがよい機
会になる。

　経営デザインシートを活用すれば、「過去の価値創造メカニズム」を譲

図表3-Ⅲ-4 ■経営デザインシート

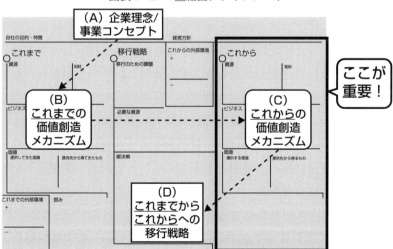

出所：内閣府

渡側・譲受側それぞれについて作成し、「これからの価値創造メカニズム」については、統合した後の事業に関するものを作成すると良い。譲渡側の技術・ノウハウが譲受側の製造工程の改善に役立ったり、譲受側の商品開発力が譲渡側の新商品開発に役立ったりするような効果が期待できる。

【8】人的資産の統合

　人的資産については、譲渡側の強みとなっている人材に残留してもらうことが優先事項であり、統合後も当面の期間は統合前と同じ業務に従事させて安心感を持ってもらう方法が効果的である。

　統合後の経営に必要な人材は、譲渡側企業において強みを保有しているだけでなく、統合後の事業に必要であることが求められる。譲渡側の経営幹部が統合後の経営理念に従おうとせず障害になるのであれば、無理に残留させる必要はないだろう。

　次に、シナジー効果を発揮するため、人事・組織も中期的には統合することが望ましい。譲受側の営業人材が譲渡側の商品を販売するには、その商品知識を身に付ける必要があるが、そのためには譲渡側の組織に異動する必要もある。また、譲渡側の営業人材と同行営業を行う方法もある。

　さらに、譲渡側の従業員を統合事業での幹部人材への登用を行う検討が必要である。一般的に、譲受側の従業員が譲渡側の事業の管理者となることが多いが、譲渡側の中にも統合事業の幹部や管理職として活躍できる人材もいるだろう。そのためには従業員に対する公平な評価や処遇が必要である。公平な賃金制度や人事制度を導入すること、幹部・管理職へ公平に登用することが統合を進めていくために重要である。

　最後に、統合後の事業の経営を任せる人材を見つける必要がある。譲渡側の経営者は M&A の後に退任する場合が多いため、譲渡側の経営者の機能を果たす人材の確保が必要だからである。

Ⅳ──経営体制の確立

【1】ガバナンス構築の意義

　近年注目を浴びているコーポレートガバナンスの議論は、一般的には上場企業において株主などのステークホルダーの意思を経営に反映させていくために、取締役会などの機関をどのように設計し機能させるかという点が中心である。経営と所有が一致する中小企業には、このような議論はそぐわない。

　中小企業の経営統合におけるガバナンスとして必要なのは、企業の稼ぐ力と不祥事を防ぐための仕組みである。

　統合後の経営体制についても、稼ぐ力と不祥事を防ぐ仕組みの観点で設計していけばよい。つまり、どのような経営体制が最も稼げるのか、もっとも不祥事を防げるのかという観点である。

　中小PMIガイドラインでは、譲受側は譲渡側が法令を遵守しているか、適正な会計処理を行っているか、外部との契約は適正か、といった不祥事を防ぐガバナンスを重視している。M&Aによってシナジー効果を実現しても、譲渡側の不祥事で損失を出していては成功とは言えないからである。

【2】意思決定と権限委譲

　統合後の事業において、重要事項の意思決定プロセスは、すべて譲受側が持つことが原則である。子会社化した後の株主総会は、譲受側が支配し、取締役会は譲受側から出した人材が支配する。

　ただし、製造会社が販売会社を買収する垂直統合のケースなど、M&A

の結果として譲受企業の事業範囲が拡大することになる場合には譲受側の
経営幹部に自律的な経営を行わせるほうがよいケースもある。

　大企業の経営においては、経営陣は重要な判断に集中し、事業部長に権
限を委譲することによって経営を効率化しているが、中小企業の経営では、
社長が実務面でも多くの判断・決裁を行っているケースが多い。例えば、
一定程度の設備投資や受注の判断はすべて社長が決裁しているようなケー
スだ。譲渡側においてすべてを判断し、決裁していた社長がM&Aを契
機に退職してしまった場合、この経営力を誰が引き継ぐのかという問題が
ある。

　譲渡側の事業に譲受側の管理職人材を送り込むことで、ある程度の権限
委譲を行い、組織的経営を行うという対応が考えられる。この場合には譲
受側から送り込まれた責任者が適切な経営判断を行うことができるよう譲
渡側の経営者から時間をかけて権限を引き継ぐようにすることが望まし
い。

　権限委譲する場合には決裁基準が必要になるが、決裁基準の決め方は企
業の事業形態によって異なってくる。

　例えば、個別受注型企業では1件当たり金額で判断することになるが、
量産型企業では1件当たり金額は低くても年間通してみると高額になる
ケースがあり、判断基準が1件当たりの金額ではなく年間での金額になる。
また、一般消費者向け販売では個別の受注判断ではなく、商品ごとの価格
設定が重要になるだろう。

　販売会社が製造会社を買収するようなケースでは、譲受側（販売会社）
は、新たに取り組む商品開発について、そもそも適切な判断力を持ってい
ない場合がある。そのような場合には譲渡側に一定程度の権限移譲をする
方がよい。

　いずれにせよ、譲渡側と譲受側の事業形態が異なれば、決裁基準の決め
方も異なってくる。譲受側の決済基準に準拠することになるとしても、統

合後の事業の実態にあわせて、それを修正する必要がある。

　なお、権限委譲を進めると、業務が効率化され、事業運営のスピードはあがるものの、不祥事が発生しやすくなる。権限委譲を進めるには、内部統制の仕組みが必要になってくる。

【3】人事

　組織や意思決定プロセスなどの形を整えても、重要な組織に適材を配置できなければ「稼ぐ力」は出てこない。M&A においては、譲渡側の事業を誰が経営するかという点、譲渡側の従業員をどう登用していくかという点が重要になってくる。

　譲受後の事業の経営ついては、譲受側の事業部長や従業員がになう場合に加えて、譲渡側の従業員を起用したり、社外から招聘したりすることも選択肢となる。

　人材の適正、事業の状況、改革の必要性、両社の融合といった観点で判断し、最適な選択肢を選ぶことが重要である。譲受側の従業員を統合後の事業の責任者に登用する場合には、管理能力を持つことに加えて、譲渡側の企業文化を理解する姿勢や能力も必要である。

【4】業績評価

　統合後の業績を評価する機能については、PMI の分科会などで決定するが、その後においても、統合会社の事業計画や予算を立案して、業績評価プロセスを導入するとともに、PDCA サイクルを回していく機能が不可欠である。

　PDCA サイクルを回すために会議体の見直しも必要である。例えば、製造会社が販売会社を買収した場合には、譲受側において販売会議を設置

したり、譲渡側において製造会議を設置したりするなどの例が考えられる。

Ｖ──組織

【1】組織設計の要素

　「組織は戦略に従う」という言葉があるが、組織能力が戦略を決定するという考え方もある。SWOT 分析はその例であり、企業の強みをもとに戦略を考えていくというものである。

　また、ガバナンスの観点で組織を設計する必要もある。M&A の目的や戦略を実現するための最適な組織を設計する必要がある。売上のシナジーを最大化するため、また製造原価シナジーを最大化するためにはどのような組織が適しているかという観点である。

　一方、譲受側企業には既存の組織がある。M&A と同時に譲受側企業の組織を大きく変えることは得策ではない。また、譲渡側の中小企業においては人的リソースに限りがあり、既存の従業員の能力・人員をもとに組織を設計しようにも、人材が不足している可能性もある。組織を作ろうとしたが、人がいないのでは実行できない。

【2】組織形態の種類

　一般的に組織形態には、職能制組織、事業部制組織、マトリックス型組織があるが、譲渡側はこれまで独立の事業体として運営が行われてきていることから、子会社化するか、事業部制組織をとると統合は円滑になる。

　事業部制は、各事業部に利益責任を持たせるとともに、本社部門で経営資源の配分と事業ごとの目標管理を行うという組織形態である。これによって、複数の特性（対象市場や製品など）の異なる事業を運営すること

ができる。しかし、M&A が行われた場合、譲渡側の事業が、譲受側にある既存の事業部と重複してしまう可能性がある。そのような場合、事業部を統合し、そこに職能制を一部導入するケースもある。製造部門や購買部門を共通の職能制組織とすることで規模の利益を追求できるようになるからだ。

【3】 合併など一体化する場合の組織設計

　M&A には事業譲渡や合併によって一体化する場合がある。一体化するといってもいくつかの組み合わせがある。販売会社と製造会社が合併する垂直統合や、同じ業種（製造会社同士など）の会社が合併する水平統合がある。また、製造会社といっても、販売先によって BtoB 型（例えば、自動車メーカーのティア 2、3 など）もあれば、BtoC（例えば、一般消費者向けの EC サイトでの販売など）もある。それぞれの組み合わせによって組織設計の考え方も変わってくる。

　ここでは、製造業で、販売、設計、製造、購買機能を保有している企業同士での一体化を考えることとする。

　まず、譲渡側と譲受側のビジネスモデルが異なっている場合を想定すると、それぞれを事業部として維持することが考えられる。例えば、顧客層が異なる場合に販売機能と設計機能は別々の事業部として残し、生産設備や資材調達先は共用できるので統合して職能制を導入するのである。このように統合すれば、製造や仕入の面では、コスト削減による原価シナジーを追求することができる。

　次に、水平統合でも、譲受側が既に事業部制を導入しており、譲渡側の事業がその 1 つの事業部と重なる場合を想定すると、譲渡側の事業を譲受側の事業部に一体化する形態が考えられる。このように統合すれば、クロスセリングなど売上シナジーを追求していくことができる。

　さらに、譲渡側と譲受側が、いずれも職能制組織になっており、事業特性が同種である場合には、そのまま職能制組織として統合する方法がよい。これによって、規模の利益を実現することができる。ただし、製品は同種だが、対象顧客が異なる場合もある。例えば、製品は同種だが、譲渡側はBtoBビジネスとしてホームセンターに販売しており、譲受側はBtoCビジネスとしてECサイトで販売しているようなケースである。このような場合には、譲受側と譲渡側の販売部門を別々に残すという形態も考えられる。

　最後に、譲渡側は販売会社で、譲受側が製造会社という垂直統合の場合を想定すれば、双方の事業を販売機能と製造機能として残す職能制組織とすることが自然である。譲受側にとっては、販売機能という知見のない分野を組織に取り込むことになるので、ガバナンスを機能させることが難しいことを覚悟しておく必要がある。

　上記の分類を図式化すると**図表3-Ⅴ-1**のようなモデルパターーンになる。ここでは、BtoCビジネスとBtoBビジネスで販売部門を分けることを想定したが、実際には、同じ事業部、同じ部門長の下で、担当者を分ければ十分である場合もあるだろう。また、人的リソースが不足していて、

図表3-Ⅴ-1■統合組織のモデルパターン（譲受側：A、譲渡側：B）

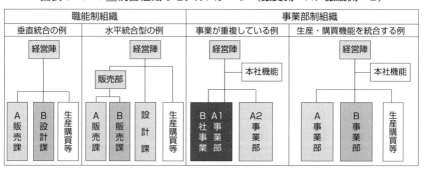

出所：筆者作成

事業部を分けることができない場合もある。組織は概念によって設計するだけではなく、多くの現実要素を考えて設計することが重要である。

【4】マトリックス組織の活用・・CFT（クロスファンクショナルチーム）

　マトリックス組織には事業部制と職能制の長所がある一方、維持コストが高く責任と権限が曖昧になるという問題点がある。

　マトリックス組織の長所を活かしつつ問題点に対応する取り組みとして組織横断型活動であるクロスファンクショナルチーム（CFT）がある（**図表3-V-2**）。公式な組織はあくまでも職能制であるが、事業別のチーム活動を行うものである。逆に、事業部制組織で職能別のチーム活動を行うケースもある。

　これにより職能制組織の長所である専門性を高めて規模の経済も享受しながら、事業部別の売上・収益も追求しやすい。権限と責任はあくまでも

図表3-V-2 ■クロスファンクショナルチームの例

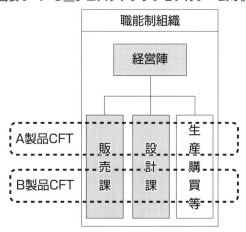

出所：筆者作成

公式な組織に属しており明確である。

　反面、CFT の活動が経営に反映し難くなるため、経営会議などの場において CFT としての提案を行い、会社の意思決定プロセスに役立てるなどの運営を考えていく必要があるだろう。

Ⅵ──財務の統合

【1】 財務の統合の意義

　財務や資金計画は、事業計画の一環であり、売上・収益計画や投資計画をもとづいて所要資金を算出し、資金調達方法を策定するものである。統合するまでは譲受側、譲渡側それぞれが自社の事業戦略に基づき資金計画を立てていた。中小企業では、それが書面にはなっていない場合が多いが経営者の意識の中にはあったはずである。M&A が実行された後は、これらの資金計画はすべて譲受側の計画に一本化されることになる。

　このような資金計画の統合プロセスを 3 つの観点から考えていくこととする。事業別や市場別などセグメント別の資金の配分、買収資金の回収および統合後の事業の所要資金の算出、そして、資金調達方法である。

【2】 事業別資金の配分

　M&A には目的や戦略があり、それに応じて、資金計画が決められた結果、買収という多額の投資が実行される。

　譲渡側の製品開発力を強化して譲受側の営業網で販売していくのであれば、買収資金だけでなく、M&A 実行後において追加の製品開発費用が必要になることもある。

　譲受側が譲渡側のノウハウを活かして EC 販売を強化する場合には、譲受側において EC サイトの開発費のための資金が必要になってくる。

　統合後の企業の経営戦略を策定して事業計画を策定する際に、どの分野にどれだけの資金を投ずるのかも計画に反映させるべきである。追加投資

が必要になるとしても、M&A のために投資する資金を回収するための計画となっていなければならない。短期的に回収できない場合であっても、長期的な経営戦略に基づいて長期間にわたって資金を回収する計画を立てることも必要である。

【3】統合資金計画

　経営戦略や事業計画を統合することにあわせて、資金計画も統合することになる。資金計画は必要資金の算出と資金調達方法という両側面がある。いずれについても統合後の姿を描く必要がある。

⑴　買収資金
　合併のように株式対価の M&A であれば買収資金の問題は発生しない。一方、株式譲渡や事業譲渡では譲受側は、譲渡側の株主に現金対価を支払うため、この資金を確保する必要がある。
　そして、この買収資金は M&A 後のキャッシュフローで回収することになる。それゆえ、資金計画は、譲渡側単体で生み出すキャッシュフローと事業上のシナジー（売上シナジーや原価シナジー）によって生み出されるキャッシュフローで回収できる計画になっている必要がある。

⑵　統合効果の反映
　統合によって事業上のシナジーを追求するのは一般的であるが、それに加えて資金面での統合効果も追求していきたい。
　具体的には、売上債権回収条件の見直し、在庫共通化による在庫額圧縮などである。統合前の両社における共通の顧客について入金条件が異なっている場合、有利な方に統一することを検討すればよい。譲受側は翌月現金入金であるのに対して譲渡側は 4 か月後受取手形である場合には、翌月

現金入金の条件に統一するような交渉を行うということである。

　在庫に関しても、製造業のおいては部品レベルで、卸売業や小売業でも商品レベルで品目の共通化を進めることで在庫圧縮の可能性がある。もちろん、設計の共通化や商品戦略が伴っていなければならない。統合前には売れずに滞留在庫になっていた商品が新しい販売チャネルで売れる可能性があるので確認しておきたい。

　そして、譲渡側の役員が親族で占められている場合で、高額の役員報酬を受け取っているケースがあるが、それが分かったら、役員報酬を適正化することで資金に余裕ができる場合もある。

(3)　必要資金の見直し

　統合作業を進めていく過程で様々な事実が判明して、資金計画に影響する（多くは下方修正方向）可能性がある。

　まず、計画通りには売上シナジーや原価削減シナジーを実現できないということが考えられる。次に統合前の DD では発見できなかったものの譲渡側の機械設備や建物が老朽化しており、更新投資が必要な場合や建物や設備が各種法令（建築基準法等）に適合していないことが発見される場合もある。

　また、想定以上に退職者が出て退職金の支払いが生ずることや統合後に未払い残業代が発見されることも考えられる。

　後ろ向きなことばかりではない。譲渡側で長年抑制してきた職場環境や福利厚生を改善して従業員のモチベーションを高めることも可能であるが、実施するのであれば予算化しておく必要がある。

　統合前に策定した資金計画は統合後に判明する事象にもとづいて見直す必要がある。調達すべき資金が増加する可能性もあるため、M&A 前に策定する資金計画は、リスクを織り込んで余裕のあるものにしておきたい。もちろん、資金計画に余裕を持たせ過ぎると借入が増え金利負担が大きく

なることは考慮しておく必要がある。

【4】 資金調達の統合

　必要資金を計画できたところで、借入方法を決めることになる。どのような経営戦略を採用するにしても、株式譲渡や事業譲渡を実行するための買収資金や統合後の必要資金の調達が必要であり、基本的には、これを返済する資金計画を立案する。また、譲渡側が抱えていた借入金は譲受側が引き受けることによって金利の低下を図ることが可能となる。

　中小企業の資金調達には地域性が強い。メインバンクは地元の信用金庫である場合が多く、地域の自治体の融資支援策（自治体内の事業者に対する利子補給など）を活用している場合もある。異なる地域間でのM&Aであれば、譲渡側の信用金庫や自治体の活用を継続することも選択肢となる。

Ⅶ──戦略策定と推進体制

【1】 経営理念、経営戦略の策定

⑴ 経営理念や経営戦略の再定義

　M&Aには、合併型・子会社型・事業譲渡型、など様々な形態がある。本章では譲渡側、譲受側の両社が統合していく合併に近いM&Aを想定して記述していく。

　プレPMIでの戦略は、譲受側が譲渡側の限られた情報をもとに、譲受側の経営陣が立案したものある。そのため、統合後において融合を図るためには、譲渡側の従業員を巻き込んで再定義するほうがよいだろう。

　その理由は、譲受側が譲渡側の実態を把握しておらず、不適切な経営理念や経営戦略を策定してしまうからである。また、譲渡側企業が属人化された業務の積み重ねで成り立っている場合には、個々の業務の中に重要な情報が埋もれていることが散見され、それらが見落とされているケースがある。そのような情報を吸い上げたうえで経営理念や経営戦略を立案しないと、実態と乖離したものとなってしまう可能性が生じるため注意が必要である。

　また、譲渡側の従業員が、経営理念や経営戦略を押し付けられたという意識を持ってしまい反発するからである。納得していないことを押し付けられて素直に従う者は少ないため、譲受側の一方的な施策で進めると至るところで反発が起きて機能不全に陥るおそれがある。

　企業は人の集合体である。個々の従業員がPMIに対して前向きに取り組めるような配慮が重要になってくる。

　統合後は譲渡側を巻き込み、経営理念や経営戦略を再定義することでこ

のような問題を軽減できるだろう。また、意見を交わしてお互いの考え方や人柄に触れる機会を設けることで、両社メンバーの相互理解も深まり、譲受側が提示する経営理念や経営戦略をより深く納得させ、浸透させることができる。

⑵　具体的な経営理念の作成方法

　M&A を実行した後、譲渡側の経営理念の策定方法は様々な方法がある。

　次に掲載するのシートは、譲受側の経営陣とその支援者が、共同で譲渡側の経営理念を策定するためのものである。ここでの経営理念は、基本的に譲受側が設定した経営理念に準拠しなければならない。譲受側の経営陣の哲学や信念にもとづき、M&A が実行されたわけである。これまでの譲受企業の経営戦略がベースとなる。

図表 3 -Ⅶ- 1 ■経営理念作成ワークシート

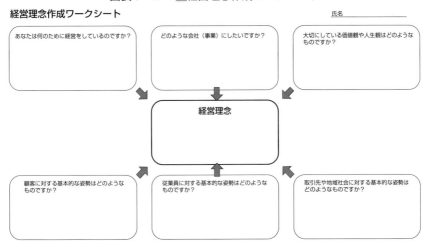

出所：フジモトコンサルティングオフィス合同会社

　そのため、これまでの譲渡企業の経営理念との違いを明確化しなければ
ならない。

　しかしながら、このようなに2社の経営理念と経営戦略を比較検討する
作業を、PMIの業務に追われる事業部長や従業員が行うことは困難を伴
う。そのため、中小企業診断士等の伴走支援の専門家の支援を受けること
が望ましい。

　そもそも、譲渡側の従業員は、譲受企業の経営理念や経営戦略など聞い
たことはないし、理解したいとも思っていないことが多い。そこで、両社
のメンバーが交互に聞き役を担うことで、相互理解を深めることが必要で
ある。

⑶　経営戦略の作成

　経営戦略は、プレPMIにて立案されている。しかし、統合後のPMIを
通じて実態を把握し、再度作りなおすほうがよい。重要なことは、譲渡側
のメンバーとともに改めて策定することである。

　中小PMIガイドラインによれば、M&A後の譲渡側の新たな経営の方
向性を検討、言語化することが必要である。

　経営戦略の立案手法には様々なものがあるが、中小企業のM&Aにお
いては、経営戦略策定の作業自体が初めてのメンバーも参加することもあ
ろうから、基本的なフレームワークを使用するとよい。

　具体的にはSWOT分析、3C分析、バリューチェーン分析などである。
また、前述した、ローカルベンチマークや経営デザインシートなどのツー
ルも役に立つ。

　いずれにせよ、譲受側・譲渡側の戦略策定メンバーが集まって議論をす
ることで、納得感のある腹落ちした経営戦略の策定が可能になり、その後
のモチベーション向上につながる。

【2】PMI 推進機能と組織編制、メンバーの選定

⑴　チーム編成

　チームメンバーは、譲受側、譲渡側の従業員によって構成されるが、統合プロジェクトには以下の３つの機能が必要となる。

①　ステアリングコミッティ（ステコミ）

　ステアリングコミッティは、推進チームや分科会にて作成したプランを最終的な判断をくだす機関である。この機関メンバーは業務知識と能力が高く、人望があり、かつ権限を委譲されていることが条件になる。中小PMIにおいては、譲受側の事業部長や担当役員クラスが該当する。

②　推進チーム

　事務局の主な役割は、スケジュールの作成と、スケジュールの管理である。

　スケジュールの作成については、PMIの全体のスケジュールの作成に始まり、統合プランの進捗に応じたアップデートも作成することが必要である。ガントチャートなどによってタスクを洗い出し、５Ｗ１Ｈの視点で項目を一覧にするとよい。また、統合する企業同士の規模にもよるが、製造部門、営業部門、バックオフィス部門などの部門ごとに分科会を設けることになる。その場合は、部門ごとに調整が必要な細部に渡るスケジュールについては各部門に任せ、大枠のスケジュールを作成することになる。つまり、推進チームの下には分科会という個別のプロジェクトが複数ぶら下がることになるため、全体把握が必要になる。

　スケジュール管理については、各分科会の検討状況の進捗管理、各分科会の決定内容の把握整理、各分科会の検討と決定の支援、各分科会の決定に対する是正リクエストなど多岐にわたる。場合によっては、進捗が思わ

しくない分科会において、両会社間の調整を密に行わなければならない役割も担うことになる。規模が小さい統合の場合は分科会を設置することなく、推進チームがすべてのスケジュール把握から管理まで行うこともあり得る。

　この役割を担う推進チームのメンバーの人選は、極めて重要になる。望ましい人物を見つけるには、以下の4つ方法が考えられる。

　1つの方法は、統合前の段階から関わっていたM&Aに関与していたメンバーを参加させることである。理由は、統合段階で問題となりそうな点やその対応策、そしてシナジー効果を統合前から検討してきたメンバーのため、統合後の問題を深く理解しているからである。つまり、PMIの過程において、統合前の検討結果を活用することにつながる。

　2つ目の方法として、営業や製造といった部門ごとに重要な人材を参加させることである。部門が分かれている企業であれば、部門ごとの人材を選出することで意思伝達や部門への落とし込みがスムーズになる。さらに分科会を設ける規模の統合の場合には、推進チームと分科会の橋渡し役が必要になる。各部門から選ばれた推進チームメンバーはまさに部門ごとに設けられた分科会と推進チームのコミュニケーションの要となる。

　3つ目の方法は、高いコミュニケーション能力を持ち、譲受側・譲渡側の両方に影響力を与えることができる人材を選ぶことである。人は「どのような指示を与えられるか」よりも「（どのような指示を）誰から与えられるか」の方が心理的に受け入れやすい傾向にある。統合計画によっては時にトップダウンの指示も少なくないであろう。譲渡側の従業員からすると譲受側の経営者からのトップダウンによる指示は受け入れがたい内容が一定あることも現実である。譲渡側の従業員から支持される人物が、譲受側の指示を受け入れやすいように中和するわけである。それにより譲受側の指示を聞いてもらうことができれば、より円滑に統合作業が進むことになる。

　4つ目の方法は、若手も参加させることである。統合後に更なる事業拡大を目指すうえで、次のM&Aを計画する場合もあるだろう。統合における推進チームを運営していく機会は、一般的には少ないため得がたい経験となる場合が多い。次のM&Aを見据えて若手に貴重な経験を積ませ戦力になってもらうためには、まずはサブ担当としてでも参加させることが重要である。

　いずれにしても、M&Aによる統合は、両社の従業員の統合、人間関係の再構築という意味合いがあり、また人間関係が重要なPMIの成功要因であることから、どのような人材をアサインするかは非常に需要なテーマと言える。

　推進チームは統合の成否を握っている中心のチームであるため、フットワークが軽く相手企業の主要社員やパートに至るまでフラットで気軽にコミュニケーションをとれる人物像が望ましい。One on Oneミーティングを得意として、本音を引きだせるような高いコミュニケーション能力を備えた人物が理想である。

③　分科会

　実際に現場レベルで統合作業を実施する専門部隊として、譲受側・譲渡側企業から人を出し合って設置するのが分科会である。企業の統合は現場レベルでの相互理解と融合を図っていく必要があり、この現場レベルでの統合が円滑に進めば想定したシナジー効果を得ることにつながる。分科会ごとに両者のメンバーが連絡を取り合って、大枠に沿った具体的なプランを実行していくことになる。またその過程では、大枠に沿うための融合すべき細かいタスクを洗い出し一緒に作業を進めてくことが求められる。また分科会を設定する上では以下のような表を使用すると管理がしやすくなる。

　この分科会における統合作業は、前述した通り現場レベルで融合を図る

図表3-Ⅶ-2　分科会一覧表

機能名	譲受側	譲渡側	備考
意思決定			
調達			
製造			
販売			
総務			
人事			
経理			

作業となる。この現場レベルでの意思疎通や融合がうまく進まずに譲受側と譲渡側のあつれきや不信感が生じると、統合計画の進捗に目詰まりを起こし、シナジー効果どころかマイナス要因として作用してしまうことになる。そのためトップ層は、現場レベルでの融合が進むためのコミュニケーションをどのように図っていくのか、コミュニケーションの機会と円滑化するうえでの施策が重要になる。

⑵　編成したチームが機能するためのチームビルディング
①　Doだけでなく Be を意識する

　PMI推進のために編成したチームをうまく機能させるには、コミュニケーションツールとして有用となるチームビルディングについて理解しておくとよい。

　齋藤秀樹氏の『成果を出し続けるチームの創り方』によれば、チームの成果を求める公式として「チームの成果＝Be×Do」であると述べている。Beとは、ミッション、モチベーション、信頼、助け合いの精神、仲間意識などの「あり方」で、Doとは、戦略・戦術、手段、方法、システムなどの「やり方」である。

　一般的に、戦略・戦術や、営業目標の設定、あるいは、その管理方法にいたるまで、通常の事業運営上の施策は「やり方」について言及されることが多いのではないだろうか。PMIにおいても、いわゆる「やり方」が先行しているケースが多い。例えば、経営統合後の目標設定である。部門ごと、店舗ごと、主力商品ごとなど、業種業態や企業の実態に応じて適正な目標設定は必ず数値に落とし込んでくることになる。

　また、事務部門を統合するために最適な事務の流れを再構築した事務マニュアルの作成なども「やり方」に当たる。統合において両社の従業員が連携して取り組むべき業務では、チームやプロジェクトとして複数人が携わることになる。この業務においてお互いのコミュニケーションや信頼関係・助け合いの精神が不足し、あるいは欠如していると、たちまち機能不全に陥ってしまう。

　そのため、まずは土台というべきBeとなる「あり方」についての統合と醸成を図っていくことが重要となる。PMIの目的は統合後のシナジー効果の発揮であり、PMI推進チームの「あり方」は、相互の信頼と助け合いである。

　「あり方」という土台があったうえで自分事として捉えられるかどうかが、PMIの成否に大きく関わってくる。

②　チームビルディングを行う上での留意点

　PMI推進のために良いチームを形成する要因の1つが、チーム内における円滑なコミュニケーションである。とにかく相手がどう思っているのか？　ということに細心の配慮が必要になる。特に事業統合型のM&Aの現場においては、お互いに初めて会うだけでなく、譲受側、譲渡側という立場や文化の異なる従業員同士が、ともに仕事をすることになる。

　「こちらの意図が正確に伝わらない」、「不機嫌そうに見える」、「挨拶しても返事がない」などの、どこにでもありがちなコミュニケーションのズ

レはどうしても生じてしまう可能性がある。もともと譲受側、譲渡側という異なる会社が一緒になるため、このような些細なコミュニケーションのズレが生じると、お互いに歩み寄ることがなく、ズレている状態を自分から修復する機会も作ろうとしないまま業務が続いてしまう。やがて大きな溝に広がり心の中では対立状態になってしまう可能性もある。こうなると、PMIという業務の流れのなかでボトルネックが生じ、PMIの業務がすべて止まってしまうおそれがある。そのため円滑なコミュニケーションが図られるよう、ステアリングコミッティや推進チームは、十分に気を配る必要がある。PMIで組織の統合を進めるうえでは、PMI推進チームの立ち上げが必要となるが、その際にはチームビルディングの考え方が非常に有効なものとなるであろう。

Ⅷ──統合作業の実践

【1】現状分析

(1)　中小 PMI における現状分析について

　現状分析を行ったうえで目標と比較すると、目標と現状のギャップが見えてくる。このギャップを埋めることが経営課題であり、課題を解決することが目標の達成に繋がっていく。そのために、まず必要なことが現在の立ち位置を把握するための現状分析である。

　PMI 推進メンバーを選出して、譲受側の経営理念やビジョンを理解し、経営戦略を再定義すると同時に、統合後の譲渡側の現状はどうなっているか分析をする必要がある。

　PMI ガイドラインでは M&A の成立後の業務として、『譲渡側経営者へのヒアリング等を通じた事業の詳細把握、改善』が必要であるとする。すなわち、譲渡側の経営者や従業員へのヒアリングやコミュニケーション等を通じて、より広範かつ詳細に譲渡側の事業の現状を把握するとともに、優先順位の高いものから順次改善に取り組むのである。その際のヒアリング等にあたっては、M&A 成立前のデューデリジェンスでは検知できないことがあること、譲渡側の経営者や一部の従業員のみに属人化している業務があること、業務に関する規程や帳票等が存在しないことや、実態と乖離していることがあることに留意すべきである。

　特に重要な法的リスクや事業停止リスクが高いものについては、譲渡側の経営者や支援機関の協力を得て速やかに対応すべきである。また、具体的な取り組みとして、業務日報を確認し、その業務を担当する従業員にヒアリングすること等を通じて、各従業員の担当する業務や取引先を把握す

ること。あるいは、譲受側の従業員が現場で一緒に業務を遂行することで、業務の手順を確認することなどがある。また、譲渡側の顧問税理士など支援機関の協力を得た上で、把握した現状に対する課題を明確化することも必要である。

　多くの中小企業は、組織的におのおのの業務が定められていて、担当者が交代したとしても誰でもその業務を行うことができるような状況となっていない。業務の多くが属人化され、業務の進め方や情報が他人には分かり得ないブラックボックス化していることが多い。その部分を解明するには、譲渡側とのコミュニケーションが必要であり、現状を明確に把握するためのヒアリング手法についても高いレベルが求められる。

⑵　**ヒアリング**

　PMI ガイドラインで述べられているように現状把握はヒアリングから始まる。現場で一緒に業務を遂行したり、面談で行ったり、様々な手法でコミュニケーションをとりながらヒアリングを行っていく。

　ヒアリングによって、属人化している業務の内容、従業員個々の特性や考え方、あるいは従業員同士の人間関係や仕事のつながりなどを明らかにする、ヒアリングする相手には正直に話してもらい、困っていることや改善した方がよいと思っていることまで引き出したい。

　しかしPMI の段階では、譲渡側の従業員は、譲受側の従業員と面識がないため警戒されてしまう。そのため、以下の点を注意してヒアリングするとよい。

　第1に、事前の説明をしっかり行うことである。例えば、ヒアリングで答えたことが人事評価には影響しないことをあらかじめ伝えたうえで開始する。譲受側の事業部長に対して、譲渡側の従業員が自分たちにとって不利益となることを話すわけがない。そのため、人事評価には関係がなく、ヒアリングで回答した内容が待遇に影響を与えるものではないことを伝え

ておく必要がある。場合によっては守秘義務が課される外部コンサルタントを使うなど、第三者がヒアリングを行うことも1つの方法である。

　第2に、ヒアリングする場の雰囲気作りを心掛けることである。譲受側の意図に沿うように回答を誘導しない方がよい。目的は現状を把握することだけであるから、警戒心を持たれるような聞き方をするとヒアリングの意味をなさなくなる。また、リラックスして話してもらえるように、担当者自身も自らがオープンになりざっくばらんに話をすることも重要である。「はい」、「いいえ」で答えが終わるクローズ型の質問ではなく、「どのような仕事をしてきたか」、「仕事をするうえで気を付けていることは？」など、オープン型の質問のほうがよい。

　いずれにしても、話しやすい場を作るために、明るく柔らかな雰囲気づくりと傾聴する姿勢をもって臨むことでより多くのことを正直に話してもらえるようになる。

　第3に、ヒアリング相手と個人的につながる気持ちで臨むことである。業務上のヒアリングだけに終始すると、本音はなかなか出てこない。こちらから相手に興味を持ち、プライベートなことを聞いても違和感がないくらいに関係性を近づけることが望ましい。そのためには信頼関係の構築が不可欠である。まず本人自らが自己開示を行い、ヒアリングの目的は何なのか、リラックスした場作りを行いながら伝えていく。おおまかに過去、現在、未来の3つの時系列に分けてヒアリングすると自己開示がしやすくなる。

　第4に、できるだけ多くの従業員にヒアリングすることである。従業員から同じ問題点や共通して認識している課題が出てくることがある。

　また、譲渡側において従業員と経営陣との間で認識している問題が異なる場合もある。そのような状況を把握できれば、さらに課題や改善点を発見できる契機となるであろう。

⑶　業務の可視化

　バリューチェーンの図を思い浮かべていただけると分かるように、企業活動は様々な業務の連続で繋がることで成り立っている。調達、製造、販売、等のコア業務と、これに対して支援業務となる人事や総務、経理といった形である。

　これには、業務フローと意思決定フローがある。

　業務フローは、製品や情報が、いつ（どのタイミング）で、誰に、どのような方法で流れるのかを描くものである。製造業であれば、資材や部品を調達するための発注、あるいはそれを加工してもらうための外注への依頼から始まり、該当企業の顧客へ引き渡すまでの一連の流れを表している。

　一方、意思決定フローは、どの段階で誰がどのようにチェックして、誰が決済をするのかを描くものである。同じように製造業の発注であれば、どの資材がどのように不足となっているかを、誰がどのように判断して、いつどのように発注するのかを表している。

　中小企業では、ここの両面の流れがブラックボックス化し、業務の担当

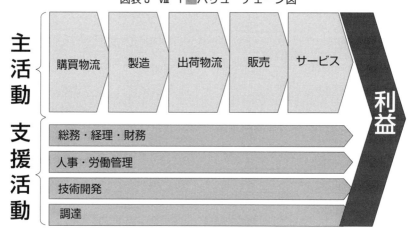

図表3-Ⅷ-1■バリューチェーン図

者と意思決定の決裁者の2名しか分からないような状況がある。業務プロセスが重複しているケースや、本来であれば必要なチェック機能がないケースもあり、担当者が病気や怪我で会社に来られなくなったら前後の工程が止まってしまい、たちまち機能不全におちいる状況も散見される。

これらの問題をあらかじめ把握して見える化することは極めて重要である。譲渡側企業においてこの業務フロー図を作成することは、今まで行ってきた自らの業務を棚卸することにもなり、自分自身が気付きを得られる効果もある。作成した業務フロー図は両社の考え方や意見を出し合うためのコミュニケーションツールとなり、効率的な運用を両社がともに議論する土台となる。

そのため、業務フロー図を譲渡側が自ら作成して現状を把握すると同時に、譲受側にも業務フローが共有されることで、属人化からの脱却と組織として運営してく下地の1つとなるわけである（**図表3-Ⅷ-2**）。

⑷ 人間関係の可視化

中小企業の従業員は、役職に応じた権限を持っているとは限らない。例えば、営業部長の権限があっても、この営業部長の役割を果たしていないケースである。また、会社の中で一番営業力があり、皆から尊敬されているパートの女性に権限がまったく無いケースもある。

中小企業は企業ごとで様々な組織を形成していて、肝となっているのは人間関係である。そのパワーバランスは個々の従業員が持っているコミュニケーションスキルやパーソナリティが大きく影響している。つまり役職と影響力がイコールになっていないことを想定したほうがよい。

そのため、業務分担の改善を図るうえで、まず説得すべき影響力のある人間は誰なのか把握することが望ましい。そして、誰と誰を組ませると流れが良くなるのか、逆に悪くなるのかを把握しておく。

そのためには「人物相関図」を作り、組織を可視化しておくとよい。ヒ

図表 3 -Ⅷ- 2 ■業務フロー図

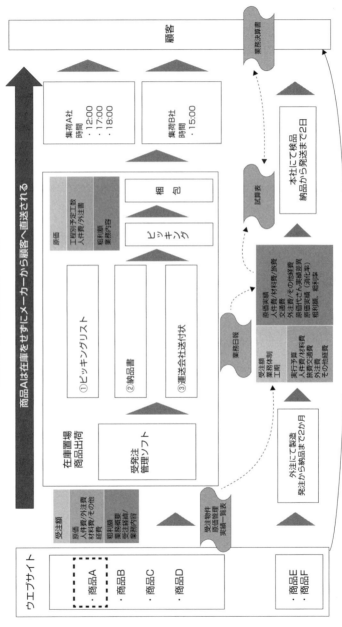

アリングの際には、人物相関図を肉厚なものにしていく意識で臨むとよい
であろう（**図表3-Ⅷ-3**）。

(5)　数値の可視化

　PMIガイドラインによれば、現状把握するために事業別損益管理表や
営業管理表などの経営管理資料を把握しなければならない。その際、「譲
渡側の業績に関する数値情報は、売上高は顧客別や商品別等に、コストは
変動費・固定費別や支払先別等に分解して把握することで、想定するシナ
ジー効果等ごとの取組が業績に与える影響を可視化しておくことが望まし
い。」とされる。つまり、管理会計の導入が求められることになる。

【2】　経営目標と利益計画の策定

(1)　経営理念からのブレイクダウン

　経営理念、経営戦略を作成と、現状分析を行ったうえで検討すると、経
営目標と現状のギャップが見えてくる。このギャップを埋めることが経営
課題であり、課題を解決することが経営目標の達成につながる。

　ここで必要なことが、時期を分けた目標設定である。3年、5年、10年
と中長期の経営目標も必要となるが、環境変化の大きい昨今の状況であれ
ば3年の経営目標と、それに伴う経営計画を策定することが求められる。

　売上や利益といった財務面の数値はどうするか、営業エリアはどこまで
広げるのか、人材や組織構造はどのようにするのか、ビジネスモデルを変
更するのか、システムとの融合はどのようにしていくのかなど課題に対す
る計画を策定する。策定した経営計画は、1枚のシートに記入して見える
ところに貼り、定期会議体を運営していく際に必ず言及するなど、常に目
に触れるようにしておきたい。

　例えば、**図表3-Ⅷ-4**のようなシートである。1年、3年、5年ごとの

図表 3－Ⅷ－3 ■ 人物相関図

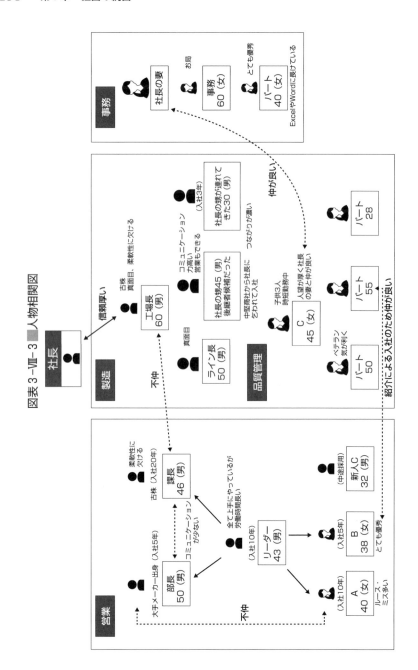

図表3-Ⅷ-4 ■目標設定シート

	1年後	3年後	5年後
売上高			
純利益			
拠点・活動エリア			
ビジネスモデル			
人材、組織			
理想のお客様			

出所：フジモトコンサルティングオフィス合同会社

目標を主要メンバーによる会議にて話し合い、皆で共有していくことが望ましい。

(2)　目標設定

実現すべき経営目標には、定量的目標と定性的目標がある。

定量的目標とは、数値化できる目標である。客観的に達成度合いを測ることができる。例えば、売上高、営業利益、総資本利益率、変動比率、労働分配率などである。

これに対して、定性的目標とは、企業や社員が成長するうえで重要となる心構えやありたい姿などを言語化したものである。例えば、5Sを徹底する、コスト意識をもつ、チーム連携を心掛ける、コミュニケーションスキルを向上する、○○の資格を取得する、常に改善を図るなどである。

(3)　利益計画

企業活動において重要なのは利益を残すことである。売上が大きくても利益が足りないと企業は存続できないし、逆に売上が小さくても利益を生

み出し続けていくことができれば企業は永続が可能となる。そのため、利
益目標をまず決めてから必要となる売上高を算出していく。

　具体的には、統合後の経営目標を実現するための固定費、限界利益、変
動費、限界利益率をもとに必要となる売上高を算出する。

　PMIにおける利益計画の立て方は、新しい経営目標を実現するために
統合後の事業部長が責任を持ち、当事者意識を持つことが肝要である。ま
た、譲渡側の責任者を巻き込んで、一緒になって計画を立てるようにした
い。

　利益計画を作成する際には、数字をExcel等の共有化できるフォーマッ
トへ入力して利益計画表として作り上げていく。また数字の羅列では従業
員へ伝わりにくいため、以下のように図で表すと数値目標の共有と浸透を
図りやすい。

図表3-Ⅷ-5 ■お金のブロックパズル

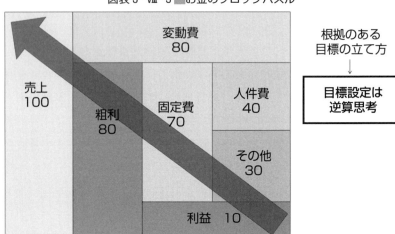

出所：『超どんぶり経営のすすめ』（和仁達也著）

⑷　オープンブックマネジメント

　オープンブックとは、財務情報を従業員に開示することである。20世紀末に提唱されたオープンブックマネジメントとは、従業員に財務情報を開示するだけでなく、その意味を説明し、その業績を改善するための行動を促し、改善によって生まれた利益を分け与える一連のマネジメント手法である。

　中小企業では導入していないケースが多いが、オープンブックマネジメントに取り組むことで、オーナー経営から組織的経営に変容することができる。

　譲受側、譲渡側の両社にとって統合後の事業の財務数値は大きく変わり人員や組織も拡大する。社員数が少ない中小企業であればオーナー経営者の能力次第で業績が決まり、その指示に従っていることが企業の成長にとって重要であった。しかし、M&Aによって事業が大きくなり、従業員が増えると、経営者の能力が及ぶ範囲が限られてくる。経営者の能力に頼るよりも、従業員1人ひとりの能力を向上させたほうがより成長性が高まることになる。

　一般的に、「うちの従業員は自分で物事を考えない」、「もっと経営的な視点を持って仕事をしてほしい」という悩みを持つ経営者は多い。しかし、経営者と従業員では与えられる情報に隔たりがあり、そもそも経営的視点で自主的に仕事に取り組めるような仕組みになっていない。そこで、オープンブックマネジメントを仕組みとして取り入れるのである。

　経営目標の設定において、なぜ利益を出す必要があるのか、なぜコストを減らすことが必要なのか、その結果が従業員の評価や報酬へどのようにつながるのかを明らかにする。これらを明らかにしていないと、従業員自らの動機づけが行われない。財務情報を共有化し、その意味合いを理解することで、従業員は自ら生み出す必要がある利益を把握し、達成するアイデアを自発的に考えるようになる。従業員にとって会社の数字が自分事に

なり、経営的視点を持ち、自立的に行動することで、オーナー経営から組織的経営へ脱却することが可能となるだろう。

　このオープンブックマネジメントを導入するうえで留意が 2 つある。

　1 つ目は時間が掛かることである。従業員には損益計算書や貸借対照表の意味を理解してもらう必要がある。中小企業においては従業員どころか、経営者自身が決算書を理解していないことも散見される。そのため「決算書の数字をなぜ理解することが必要なのか？」、「この改善がどのように従業員の生活に関わってくるのか？」という、そもそもの動機となる意味を浸透させる必要があり、かつ、数字の見方を学ぶための時間も必要になってくる。

　2 つ目は、評価・報酬体系を明確にすることである。会社の業績が向上すれば従業員個々の報酬に影響してくる制度設計が必要となる。会社の業績と従業員の評価や報酬が連動することで、会社の業績が従業員にとって自分ごとになる。この結果、従業員自らが考え動く組織の育成につながってくる。

【3】 施策と行動計画の策定

(1)　施策の検討

　経営計画が決まったら、経営目標に到達するための具体的な行動が必要になる。施策には、戦略的見地からみた大きな方向性についての施策と、組織の各部門や各個人単位における行動目標のようにブレイクダウンされた施策がある。

　戦略的見地とは、例えば、「3 年後に M&A を行う」、「2 年後に大型の設備を導入する」というものである。

　一方、組織の各部門や個人単位における行動目標を決めるプロセスは以下のようになる。

⑵　施策の洗い出し

　誰もが課題を認識していて、課題の解決方法が明確であれば、それを具体的に実行する行動計画を立てていけばよい。しかしながら、どのような課題があり、それに対してどう施策を打てばよいのか見つかっていないケースもある。その場合、フレームワークを活用しブレインストーミングを行うのも１つの方法である。

　様々な方法があるが以下に一例をあげる。

　企業活動の全体像をビジュアル化したバリューチェーンを描き、ポストイットを使用してブレインストーミングを行う方法である。

　まず、製造、企画、販売、総務経理など、各部門の人員が集まって自分の部門だけでなく、客観的に他部門を見て課題解決に役立つと感じていることをポストイットに記載する。

　次に、自社のバリューチェーンの各項目へ貼っていく。その際、優先度の番号を１、２、３〜、難易度の記号を A、B、C〜と記載していく。

　ここでは各部門がコミュニケーションを取りながらワイワイガヤガヤと進めると、互いの人となりを理解する機会にもつながり統合後の融合が円滑に進む。優先度と難易度が決まれば、あとは Excel 等の表で一覧表にし、そのまま管理表として使用することができる。

　また、この作業は一定の時間を要するため、合宿のような非日常的な空

図表３-Ⅷ-6　バリューチェーン図

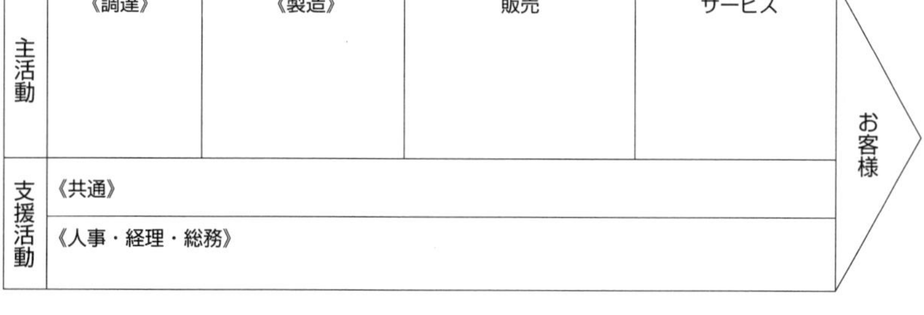

間で寝食をともにしながら作成してもよいだろう。会議の場では分かり得なかったプライベートな話も交わすことになり、人間的な部分もお互いに理解することができるからだ。

⑶　行動計画におけるKPI導入

　行動計画にはKPIの設定が必要である。「SMARTモデル」によれば、KPIは、Specific（具体的に）、Measureablc（測定可能な）、Achievable（達成可能な）、Relevant（経営目標と関連性が高い）、Time-bound（時間の期限付き）なものがよい。

　すなわち、具体的に示されていること、目標が定量化されていること、達成できる範囲で設定されていること、経営目標からブレイクダウンされていること、達成までの期限が設定されていることの4点が重要である。

【4】経営管理サイクル

⑴　取り組み状況を共有するためのツールの準備

　PMIガイドラインによれば、取り組み状況を共有するためのツールの整備が必要とされている。

図表3-Ⅷ-7■取り組み状況を共有するためのツールの整備（1/2）

現状把握で抽出された課題をリスト化する。各課題への対応方針を定めるとともに、取組の優先度、担当者、着手時期、完了期限を定め、一覧化する。

（課題管理表例）

優先度	領域等	課題	具体的な取組	担当者	取組の着手	取組の完了期日
高	会計・財務分野	決算期の変更	・決算期の12月への変更手続 ・支援機関への支援依頼	A氏	即時着手	翌12月まで
高	法務分野	個人情報管理の徹底	・個人情報保護対応マニュアルの作成 ・社内研修実施	B氏	即時着手	5か月以内
中	ITシステム分野	社員全員へのPC導入	・共同利用PCを利用していた社員が1人1台所有できるようPCを調達、配布	C氏	2月	5か月後
低	事業機能	宣伝広告媒体の共通化	・譲渡側社名入りカレンダーを譲受B社グループの連名式カレンダーとしてデザイン変更	D氏	6月	10月下旬

方針検討

　方針が決まった後の計画については以下のようになる。

課題管理表でリスト化した取組について、**完了時期までに必要な作業を細分化し、スケジュールを可視化する**。スケジュールが現実的で実行可能なものか確認を行い、担当者を明記して行動計画に落とし込む。

（スケジュール表例）

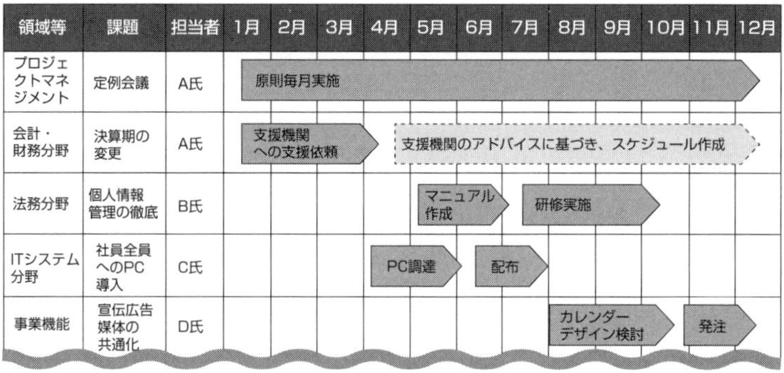

領域等	課題	担当者	1月	2月	3月	4月	5月	6月	7月	8月	9月	10月	11月	12月
プロジェクトマネジメント	定例会議	A氏	原則毎月実施											
会計・財務分野	決算期の変更	A氏	支援機関への支援依頼			支援機関のアドバイスに基づき、スケジュール作成								
法務分野	個人情報管理の徹底	B氏							マニュアル作成	研修実施				
ITシステム分野	社員全員へのPC導入	C氏				PC調達		配布						
事業機能	宣伝広告媒体の共通化	D氏									カレンダーデザイン検討		発注	

（※縦書き「計画策定」）

　施策の実行段階においては、**図表3-Ⅷ-8**のような共有シートを用意したうえで実行・検証作業を行い、見直しを図っていく。

⑵　**主体性を引き出すファシリテーション**

　PMIの具体的な行動計画の検証を行ううえで定期的な会議体の運営が欠かせない。その会議体を効果的に運営するための要素は様々あるが、ファシリテーターの力量によって大きく左右されることになる。

　ファシリテーターは会議などの場で参加者の発言を促し、まとめることで、話し合いをより良いゴールに導く者である。単なる進行役にとどまらず、意見の対立や感情のぶつかり合いをうまくコントロールし、目標・目的の達成を支援する役割を担う。

　そのため参加したメンバー全員がミーティングの場において「議題について腹落ち」するよう働きかける必要がある。「当事者意識をもってミーティングに参加しているか？」、「傍観者が1人出ていないか？」、「もっと

図表3-Ⅷ-8　取り組み状況を共有するためのツールの整備（2／2）

定例会等の会議を行い、進捗状況の報告・確認を行う。進捗の遅延については、遅延理由や遅延の解消方法等を明確にし、完了期限までの影響有無を把握できるようにすることが望ましい。取組を行うにあたって必要な他部門からの協力に関する依頼等も必要に応じて提起する。

（進捗報告フォーマットの例）

実行・検証

優先度	領域等	課題	具体的な取組	担当者	進捗状況	遅延理由/リカバリ策	他部門への協力依頼
高	会計・財務分野	決算期の変更	・決算期の12月への変更手続 ・支援機関への支援依頼	A氏	予定通り	ー	ー
高	法務分野	個人情報管理の徹底	・個人情報保護対応マニュアルの作成 ・社内研修実施	B氏	遅延	担当者変更、引継ぎに伴いマニュアル作成が一時停滞。後任者は、個人情報保護に精通しているため、作業効率向上により完了期限までには完了する見込み。	IT部門への依頼オンライン研修を検討中。新規購入予定のPCの仕様を共有いただきたい。
中	ITシステム分野	社員全員へのPC導入	・共同利用PCを利用していた社員が1人1台所有できるようPCを調達、配布	C氏	予定通り	ー	ー
低	事業機能	宣伝広告媒体の共通化	・譲渡側社名入りカレンダーを譲受B社グループの連名式カレンダーとしてデザイン変更	D氏	予定通り	ー	ー

分かりやすい別の言い方や視点はないか？」といった意識で質問を投げかけて参加者の意見やアイデアを促進させる。あるいはアイデアを率直に出し合うような方向へ変えられるようにサポートを行う。また議論がずれてきた際には、会議の目的やゴールを再認識させて、議論を整理し結論へ導く役割も担う。

　つまり、ファシリテーターの心がけと力量次第でPMIの会議体を活発にし、主体性を引き出し、より建設的な結論へ導く運営が可能となるわけである。そのためファシリテーターの選定が非常に重要になる。

⑶　会議体ごとに分けた運営

　PMIを進めていくうえで会議体の運営は必要不可欠となる。分科会やステコミも会議の1つであり、その円滑な運営は、統合作業を進めるうえで重要なポイントとなる。

　どの会議にも明確な目的を設定して、できれば会議の目的を達成するために必要な議題をあらかじめ作成したうえで参加者へ共有しておくとよい。また、会議には時間を設定することが必要となる。会議の時間も内容や目的に応じて様々ではあるが、必ずあらかじめ決めた時間で終えることが重要である。

　PMIにおける会議体は大小様々に行われることになる。PMIの会議体は、譲渡側と譲受側の双方からメンバーが集められるため、初めて議論に加わるメンバーがほとんどであろう。そのため、会議体の段階を意識しつつ、参加メンバーのレベルや置かれた状況を把握して進める必要がある。

　また、PMIの会議体では、メンバーの心理的安全性を確保することが重要である。すなわち、会議体において何か発言や指摘をしても、拒否や否定をされないという安心感があり、統合後の新たな組織内において人間関係の悪化を招かないようにすることである。共通の目的達成のために安心して活発に意見交換ができる状態が望ましい。

　譲渡側のメンバーは「PMIの会議で発言をしない」、「会議で話すのは譲受側のメンバーだけで、譲渡側の意見を求めても何も出てこない」という話はPMIの現場においてよく耳にする。これは、譲渡側のメンバーが、本音で発言したくても、「解雇されるおそれがある」、「譲受側の意向に従うしかない」と思っているからであろう。このような状況を防ぐために、譲渡側の継続雇用やその処遇を確約するなど、心理的安全性の確保が必要となるわけである。

　PMIのプロセスの中でPDCAを回していく過程においては、譲受側の事業部長からの一方的な指示命令がなされ、譲渡側の従業員自らが考える

ことができない状況に陥いるケースがある。この点、譲渡側の従業員の心理的安全性を確保することによって、主体的に考えさせ、自ら考えた仕事を実践するほうが成果は出やすい。PMIにおいて両社の融合によるシナジー効果をより発揮するには、譲受側の経営者を含めたトップ層が、譲渡側の従業員に心理的安全性を与えることが重要であると認識しなければならない。

第4章

事業機能の統合

Ⅰ──業務統合の2つの側面

　PMI ガイドラインによれば、業務統合には、事業機能の統合と管理機能の統合がある。

　事業機能とは、企業の組織において、直接売上に結びつく機能、例えば、営業や製造・開発等をいう。また、管理機能とは、事業機能を支える人事・総務・経理・法務等の機能をいう。

　このように、事業を機能別に分類し、さらに、譲渡側の機能なのか譲受側の機能なのか区別したうえで、最適な方法によって統合を目指していく必要がある。

　機能別に分類したバリューチェーン概念図で示すと、事業機能と管理機能は次のようになる。

図表4-Ⅰ-1■バリューチェーン概念図

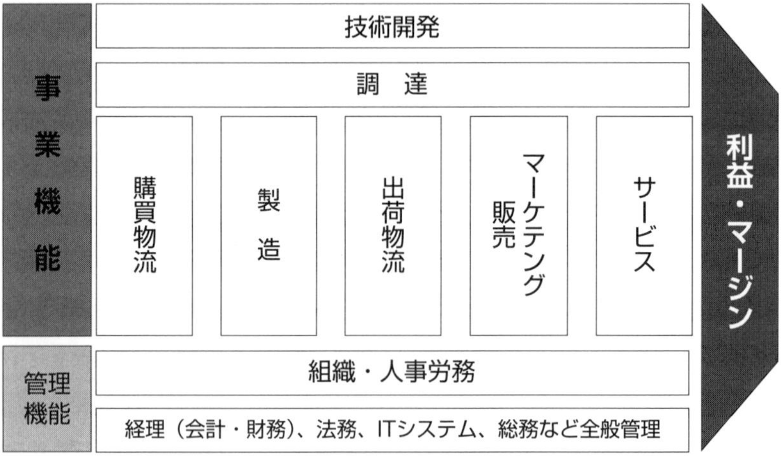

出所：筆者作成

Ⅱ──事業機能統合のステップとゴール

　事業機能の統合は、直接売上アップ、コスト削減につながることから、PMIにおいて最も重要な取り組みとなる。

　ここでは、売上シナジーとコストシナジーが期待できる。すなわち、経営資源の相互作用や最適な経営資源の組み合わせの取り組み推進により売上シナジー（売上アップ）が期待できる。また、改善や共通化・統廃合の取り組み推進により売上原価、販売管理費においてコストシナジー（コスト削減）も期待できる。

　それゆえ、効果的・効率的な営業、技術開発、製造、調達など各事業機能の統合の取り組み推進を行い、売上向上、収益性の向上、企業価値の向上を目指していくことになる。

　円滑な事業の引継ぎ・統合に向けた課題に対応していくための取り組みのポイントとしては、ヒアリング、コミュニケーション等を通じて譲渡側の業務の現状を把握していくことが必要である。属人化している業務がないか、マニュアル、帳票類と実態があっているかなどの留意・確認も必要となる。

　また、事業統合の目的・目標を念頭に、改善すべき点など優先順位をつけての順次対応も重要なこととなる。

　さらに、引き継いだ事業を安定的に運営していくためにも早めのクイックヒットを生み出していくことも必要となる。

【1】事業機能統合のステップ

　PMIを円滑に進めるためには、M&A初期段階の基本合意締結の段階か

ら、シナジー効果のある事業統合を考えておくことが必要である。

図表4-Ⅱ-1■事業統合のステップ

M&A初期検討	"プレ"PMI	PMI	"ポスト"PMI

Day.1　　　　　Day.100〜1年

トップ面談前	トップ面談	基本合意締結	DD	最終契約締結	クロージング	集中実施期

出所：中小企業庁「中小PMIガイドライン」(2022年)を筆者一部加筆

　M&A成立前（M&A初期検討、"プレ"PMI）までの取り組みは、譲渡側の情報収集と現状把握からスタートする。そして、M&Aを実施する目的を明確化し、その目的の実現に向けて期待されるシナジー効果等を想定するとともに、精査を行っていく。具体的には、譲渡側の事業内容、すなわち、事業計画、組織図、主要顧客とその取引状況、主要製品・サービスとその特徴、商流、従業員の状況を理解するとともに、譲渡側の事業における課題を把握する。

　また、譲渡側へのヒアリングやデューデリジェンス等の手続きを通じて、シナジー効果等を想定し、M&A成立後（PMI）の取り組みについて想定・仮説を持っておくことが重要である。

　M&Aが成立した後、PMIのDay 1以降の段階に入るとまず、プレPMIの段階で把握された譲渡側の事業内容や課題を再確認する。具体的には、譲渡側の業務フローの確認、各種経営管理資料（売上原価・販管費把握のための事業別損益管理表、顧客別・商品別の売上高把握のための営業管理資料など）の確認・可視化である。M&Aが発表された後であるから、可能なかぎり数多くの従業員へのヒアリングを行う。また、主要な事業所や工場の調査を通じて、事業活動の実態を把握する。

　次に、具体的な統合方針を策定する。想定したシナジー効果の重要性・緊急性・実現可能性（難易度・リソースの制約等）の観点から、各取り組みの範囲と優先順位を決定する。

　そして、詳細な行動計画を策定することである。具体的には、各シナジー効果等の実現に向けた取り組みごとに、誰が、いつまでに、何を実施するかを明確化し、行動計画を作成する。また、PMI の取り組みの成果を検証できるように、売上高、販売数量などの経営目標や、稼働率や不良率、新規引き合い件数などの KPI を設定する。

　計画を実行に移した後は、定期的に見直しを行うことが必要である。具体的には、課題・進捗管理表や取り組みスケジュール表などの管理帳票や進捗会議等を通じて、定期的に各担当による取り組みの進捗状況を把握し、必要に応じて取り組みの見直しを行う。方針変更、取り組み優先度の変更やスケジュールの見直し、新たな取り組みの検討などが行われることだろう。計画を変更するための承認プロセスを明確化しておくとよい。

　その後、"ポスト"PMI では、M&A 成立後の集中実施期における取り組みの結果を踏まえ、次の目標（次期会計年度等）に向けて PMI 取り組み方針の見直しを行い、継続的に PDCA サイクルを回し続けることになる。

【2】 事業機能統合のゴール

　事業機能の統合の取り組みのゴールは、事業面でのシナジー効果等を得て成長に繋げることである。そのためには、成長の方向性や M&A の目的・戦略を踏まえ、譲受側と譲渡側が一体となってそれぞれの経営資源を組み合わせることができるよう、PMI に取り組まなければならない。

　具体的には、損益計算書の売上拡大につながる「売上シナジー」と、売上原価や販管費の削減につながる「コストシナジー」の実現を目指すことである。

　また、シナジー効果等の実現に向けた取り組みを通じて、新たな経営資源の獲得のための投資を行うなど、自社の強みを強化するとともに、経営課題を改善し、持続的な成長、企業価値の向上を目指していくこととなる。

図表 4-Ⅱ-2 ■シナジー効果を得ての取り組みゴール

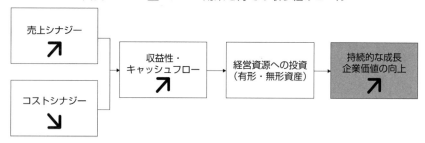

出所：中小企業庁「中小 PMI ガイドライン」(2022年)

【3】事業機能統合におけるシナジー効果

　中小企業同士の M&A における PMI では、譲受側のノウハウを活用して譲渡側の経営や業務の改善を行うことにより、譲渡側の収益改善につながるケースや、譲渡側の市場・顧客を活用した譲受側の売上拡大が想定できる。

図表 4-Ⅱ-3 ■シナジー効果

シナジー分類		取組み視点	具体的な取組み事項	主体取組み部門	相対的難易度
売上シナジー		経営資源の相互活用	クロスセル	営業	低
			販売チャネルの拡大	営業	低
		経営資源の組合せ	製品・サービスの高付加価値化	企画・開発・営業	高
			新製品・サービスの開発	企画・開発	高
コストシナジー	**売上原価シナジー**	経営改善	生産現場の改善	製造	低
			サプライヤーの見直し	調達・開発	低
			在庫管理方法の見直し	調達・製造・営業	低
		共通化・統廃合	共同調達	調達	高
			生産体制の見直し	製造	高
	販管費シナジー	経営改善	広告宣伝・販促活動の見直し	営業	低
			間接業務の見直し	関連部門	低
		共通化・統廃合	共同配送	物流	高
			管理機能の集約	関連部門	高
			販売拠点の統廃合	営業	高

出所：中小企業庁「中小 PMI ガイドライン」(2022年)を筆者一部加筆

　M&A を行うことで、「売上シナジー」と「コストシナジー」が期待できる。

　売上シナジーを発現させる方法には、譲受側・譲渡側の顧客や製品・サービス等の経営資源を相互に活用する「クロスセル」と「販売チャネルの拡大」や、経営資源を組み合わせて取り組む「製品サービスの高付加価値化」および「新製品・サービスの開発」がある。

　コストシナジーには売上原価の削減と販管費の削減があるが、売上原価を削減する取り組みには、「生産現場の改善」、「サプライヤーの見直し」、「在庫管理方法の見直し」などの経営改善や、「共同調達」、「生産体制の見直し」などの共通化・統廃合がある。

　また、販管費を削減する方法には、、「広告宣伝・販促活動の見直し」、「間接業務の見直し」などの経営改善や、「共同配送」、「管理機能の集約」、「販売拠点の見直し」などの共通化・統廃合がある。

　これまで中小企業においては、経営資源の観点から経営改善に向けた取り組みのすべてに対応すること困難であったが、M&A を実行した後には、優先順位も決めながら、実現できる経営改善の取り組みが増えていることであろう。また、M&A によってはじめて共通化・統廃合を実行できるようになり、大幅なコスト削減が可能となる。

　また、PMI を推進する上において、ジナジー効果を高めるため、具体的な取り組みの目標・計画・実績を共有するための管理帳票として、次のようなものが考えられる。

図表 4 - Ⅱ - 4 ■シナジー効果を高める取り組みの管理帳票（例）

			実施内容		項目	4月	5月	6月	7月	8月	9月	10月	11月	12月	1月	2月	3月	計

（　）年度目標計画書・報告書（　月実績）

作成：　年　月　日　　変更：　年　月　日

承認　作成

実績報告　作成日　作成者

実施部署

目標	達成度（目標値）	実施項目（内容）	具体策	項目
1				

当月の進捗／実績

出所：三小田睦「マネジメントの仕組みを創る・磨く」（文芸社）を筆者一部加筆

Ⅲ──売上シナジー

【1】経営資源の相互活用による売上シナジー

　売上シナジーとは、譲受側と譲渡側がお互いの製品・サービスや販売チャネル等を相互に活用して、自社の既存顧客に対するアプローチによる売上拡大することである。

　それを実現するための具体的な取り組みとして、クロスセルと販売チャネルの拡大がある。これらは、相対的に難易度の低い取り組みである。

⑴　クロスセル

　クロスセルとは、譲受側と譲渡側が、自社の既存顧客に対し、関連する製品・サービスの特徴を併せて提案することによって、既存顧客から追加的な売上を獲得することである。これによって、顧客当たりの売上高を増加させることが可能となる。

　例えば、ネジメーカーA社とボルトメーカーB社が経営統合した場合、B社がA社のネジを販売するとともに、B社がA社のネジを販売する取り組み、建設材料卸売業C社が環境商材卸売業D社の商品の提案販売活動の取り組みである。

　この際、既存顧客のニーズの類似性が高い場合、譲受側・譲渡側が提供する製品・サービスが相互に補完的な場合に売上拡大効果が高くなる。また、追加の販売費用がほとんど掛からないというメリットもある。

　取り組み推進する上での留意点は、追加販売しようとする製品・サービスが、顧客ニーズに合ったものか、顧客価値や顧客満足を高めるものか等を慎重に検討したうえで実施することである。十分な検討を行わない提案

図表4−Ⅲ−1■クロスセル

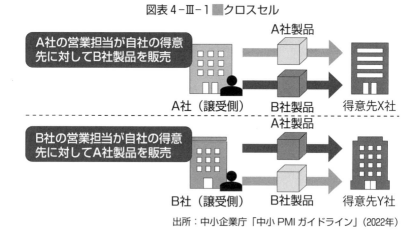

出所：中小企業庁「中小PMIガイドライン」（2022年）

は、単なる売り込み等の印象を与えてしまい、信頼を損なうリスクがある。そのため、相手方の製品・サービスに関する知識や理解を深めることが不可欠である。具体的には次のような取り組みを行えば、クロスセルの効果を高めていくことができる。

　1つは、営業担当や技術者等による同行営業や展示会等の活動を通じ、お互いの製品・サービスや顧客ニーズの理解を深めるとともに、顧客の認知向上を高めていくことである。

　また、顧客ニーズに合った製品・サービスに関する商品知識や提案方法についての理解を深める機会を設ける従業員教育など、相互の営業社員の質を高めていくことである。

　さらに、既存顧客に対するクロスセルの成果へのインセンティブの導入を検討するなど、営業目標の設定や業績評価など評価の仕組みを設けることができるとよいだろう。

⑵　販売チャネルの拡大

　販売チャネルとは、流通経路や販売経路のことである。直接販売、卸売

ルート販売、小売直販売など様々な販売形態があるが、それぞれ販売チャネルを持つことになる。

　販売チャネルの拡大とは、譲受側・譲渡側がそれぞれ相手側に顧客、営業エリア、販売チャネルを紹介してもらい、自社の製品・サービスを販売することで、売上高を増加させることである。

図表4-Ⅲ-2 ■販売チャネルの拡大

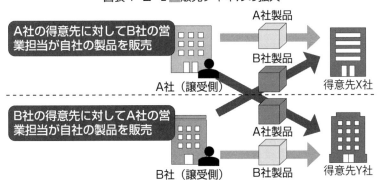

出所：中小企業庁「中小 PMI ガイドライン」（2022年）

　譲受側・譲渡側の既存顧客層が異なる場合や、営業エリアが地理的に重複しない場合に有効性が高くなる。結果として、統合によって販売エリアを拡大させることが可能になる。

　この取り組みを行えば、譲受側・譲渡側のいずれも少ない営業費用で、新たな顧客獲得が可能になる。

　また、獲得した新たな販売チャネルを通じて、既存顧客とは異なる顧客のニーズへの対応の必要性を迫られることによって、結果として製品改良や品質強化、新製品開発につながることもある。

　ただし、事前に既存顧客から訪問の承諾を得ておくなど、既存顧客に不信感を抱かせないように注意すべきである。また、どのような製品・サービスの販売を行ったか営業者同士の情報共有を徹底することも必要である。もちろん、一般消費者の個人情報を共有する場合には、個人情報保護

法に抵触することが無いように注意が必要である。

　代表的な成功事例としては、譲受側の海外子会社を通じて、譲渡側の製品の海外展開を成功した事例や、首都圏の事業者が関西地域の事業を譲り受けることで、関西まで販売チャネル拡大に成功した事例がある。

　また、小売業における広告メディア共通化による売上拡大や販売拠点の統廃合によって捻出した人員を、人員が不足している拠点へ異動させることによって組織の最適化を行うことも考えられる。

【2】経営資源の組み合わせによる売上シナジー

　譲受側と譲渡側が、お互いの製品・サービス、バリューチェーン、それらの技術・ノウハウ等の経営資源を組み合わせることで、新たな価値を提供することができる。具体的な取り組みとしては、製品・サービスの高付加価値化と新製品・サービスの開発がある。ただし、相対的に難易度の高い取り組みとなる。

⑴　製品・サービスの高付加価値化

　M&Aにより獲得した譲渡側の製品・サービス、バリューチェーンやその提供に必要な技術・ノウハウ等の経営資源を活用すれば、譲受側の既存製品・サービスの付加価値を向上させることが可能となる。その結果、顧客に対する提案力の強化による売上拡大や製品・サービスの収益性向上を図ることができる。

　例えば、アフターサービスの充実、メンテナンスナンスサービスの充実、関連商品・サービスの開発、製品・サービスの高機能化などがある。

　この点、製品・サービスを高付加価値化していくためには、譲渡側の顧客のニーズを発見しようとする姿勢、譲渡側の製品・サービスに関する知識、譲受側と譲渡側の双方の商品企画、技術開発部門、営業部門が連携し

て新製品・サービスを開発しようとする姿勢が求められる。

　譲受側・譲渡側の製品・サービスが相互に補完的であれば、これらを組み合わせて提供することで、顧客にとっての利便性を高めることができる。また、製品とサービスの組み合わせができれば、LTV を増大させる効果が期待される。

　高付加価値化に取り組む上での留意点としては、譲渡側の製品・サービスに関する理解顧客ニーズの理解を深めることである。譲受側の営業手法を譲渡側の顧客に対して実践することについても併せて検討する必要があるだろう。

　製品・サービスの高付加価値化の事例として、内装工事業者が、デザイン・設計の事業を統合した結果、ワンストップで対応可能となり、発注者のニーズに関する情報が集まるようになったことで、一体受注体制の構築に成功した事例がある。すなわち、M&A で獲得した機能によって自社が提供する製品・サービスの機能を増やし、他社との差別化、提案力の向上につなげたのである。

(2)　新製品・サービスの開発

　譲受側・譲渡側がそれぞれ保有する経営資源や組織能力を活用し、新製品・サービスの企画・開発を行い、既存顧客の新たなニーズの掘り起こしや、新規顧客の開拓を目指すことができる。

　既存顧客において、自社がこれまで対応できていなかった潜在的なニーズが存在している場合、事業統合によって、そのニーズを満たすことができるようになる可能性がある。

　既存顧客の新たなニーズの掘り起こしや需要を開拓することによって、既存顧客内でのシェアアップによる取引拡大が期待できる。また、従来の製品・サービスとは異なるコスト競争力・付加価値がある新製品・サービスの開発により、新たな売上を獲得できる事業化も期待できる。

　新製品・サービスの開発に取り組む場合、既存顧客のニーズ、譲渡側の経営資源に関する理解を深めることが必要である。また、譲受側・譲渡側の営業部門、技術部門の担当等の間における緊密なコミュニケーションと相互理解が必要となる。そのためには、自由闊達に意見交換ができる環境を整備していくことも大切となってくる。

　今後、目指すべき取り組みの1つの方向性としては、譲受側・譲渡側が持っている高度な環境関連技術を組み合わせて、環境負荷の少ない新製品やカーボンニュートラル実現に向けた新製品の開発を進めることが望ましい。

Ⅳ──コストシナジー

　中小 PMI ガイドラインによれば、コストシナジーは、売上原価シナジーと、販管費シナジーに分けられ、それぞれに改善と共通化・統廃合のシナジーがある。共通化・統廃合の取り組みの方が効果額が多く、優先して取り組まれる場合が多い。

【1】売上原価シナジー

⑴　売上原価シナジーの種類

　売上原価を構成する要素は業種によって異なる。製造業では材料費や加工費、製造担当者の労務費、外注費などがあり、卸売業や小売業では商品仕入高や労務費がある。サービス業のうち宿泊業では食材の材料費や労務費などである。

⑵　売上原価シナジーの位置づけ

　譲受側の M&A の目的の中にコスト低減・合理化とサプライチェーンの維持が挙げられている（**図表 4-Ⅳ-1**）。これらは売上原価シナジーの追求である。経営不振企業の救済を目的とした M&A では、譲渡側の経営改善のために売上原価シナジーに取り組む場合が多い。

　一方、M&A が売上の拡大を目的とする場合でも、売上拡大を実現したことに伴って売上原価シナジーを実現できる場合がある。例えば、売上拡大によって購入量・生産量が増加した結果、原価低減を実現できる場合である。

　次項から製造業を念頭に売上原価シナジーについて調達と生産の区分に

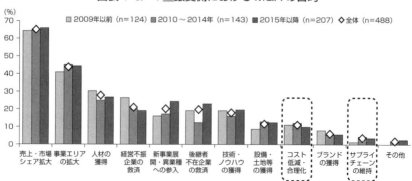

図表4-Ⅳ-1 ■譲受側におけるM&Aの目的

【資料】中小企業白書（2018年）より三菱UFJリサーチ＆コンサルティング（株）「成長に向けた企業間連携等に関する調査」（2017年11月）
（注）1．複数回実施している者については、直近のM&Aについて回答している。
　　　2．複数回答のため、合計は必ずしも100%にならない。
出所：中小企業庁「中小PMIガイドライン」（2022年）を筆者一部加筆

分けて述べていくが、卸売業や小売業など他産業においても参考にできる取り組みである。

【2】調達シナジー

(1) 調達シナジーの種類

　調達シナジーとは、事業を統合した結果として、調達量が増える等の要素を活かして、仕入価格を下げる効果が中心である。特に、譲渡側の事業規模が小さく、調達コストが高くなっていた場合には、譲受側の価格交渉力を活かして仕入価格を引き下げる取り組みが有効である。

　調達シナジーの取り組みとしては、調達取引の改善と調達コストダウンを挙げることができる。調達取引の改善とは、譲渡側の調達活動の中で不利な取引条件にある調達取引を見直すことである。調達コストダウンとは、共同調達などの取引を通して調達単価を引き下げることである。

　さらに、サプライチェーンの維持・改善や調達業務の統合によってもコ

スト削減を図ることができる。

図表 4 -Ⅳ- 2 ■調達シナジーの取り組み

区分	取り組みの概要
調達取引の改善	譲渡側の調達業務の不十分な点を改善する
調達コストダウン	共同調達等の手法で調達コストを削減する
サプライチェーンの維持・改善	M&Aによりサプライチェーンを維持・改善していく
調達業務の統合	両社の調達業務を統合する

出所：筆者作成

⑵　調達取引の改善

　譲渡側はより規模の小さい企業である場合が一般的であり、調達において不利な条件になっていることが多い。譲受側が同じ調達先から調達している場合には、その取引条件を統一すればよい。そうでなくとも譲受側の価格交渉力を活かして、より有利な取引条件を引き出すことが可能となるだろう。

　また、譲渡側が、検収を適正に行っていない、支払期日を守っていないなど不適正な取引を行っているような場合は、適正化しなければならない。

⑶　調達コストの低減

　M&A で経営を統合すれば、調達量が増えるので価格を引き下げることができると考えがちだが、実際にはそれほど単純ではない。同業種間の水平統合であっても製品が異なれば使用する部品も異なり、調達量増のメリットは希薄である。

　より効果的に調達コストを引き下げるためには、次の手法を考えていく必要がある。

　第 1 に、価格比較の手法である。両社が同じ部品や商品を同じ調達先から調達しているものの調達価格が異なる場合、安い価格に統一するという

手法である。ただし、同じ部品といっても、品質基準や納入条件、梱包条件などの条件が異なっているケースや過去に大量発注を前提にして設定した特別価格であるケースでは価格統一が難しい場合もある。一部の部品の価格を高くしていることによって他の部品の赤字をカバーしているケースもある。単純に両社の価格比較によって値下げが実現するというものではない。

　第2に調達先を統一する手法である。譲渡側・譲受側の両社が同じ部品や商品を異なる調達先から異なる調達コストで調達している場合、価格の安い調達先に統一する手法である。同一メーカーが製造していても、商社を通じて調達していたのであれば調達価格が割高になっているケースがあるため、メーカーとの直接取引に切り替えるだけで価格を下げることが可能な場合もある。ただし、この手法でも価格比較の手法と同様の問題点があることに留意すべきである。また、リスク管理のために複数の調達先から調達すべきだという方針の場合には、この手法を使うことはできない。

　第3に部品や商品を統一する手法である。譲渡側・譲受側の両社が、同じ機能を持つ部品として、異なるメーカーの製品を使用している場合には、価格の安い部品や商品に統一するという手法である。統一することによって調達量が増え、調達コストの低減につなげやすい。しかし、同じ機能といっても製品に組み付ける際の互換性や耐久性が異なる場合があるので、設計部門の要求仕様を正確に比較することが必要である。また、品質管理の観点では継続生産中の製品に組み込む部品は基本的に仕様や調達先を変更すべきでないという考え方もあるため、製品のモデルチェンジを待つ必要がある場合も考えられる。さらに、BtoBビジネスの場合、部品変更において得意先の事前承認が必要な場合もあり、これら多岐にわたる要素を考慮しながら取り組む必要がある。

　中小PMIガイドラインでは、飲食業の事例が紹介されている。外食チェーンであるA社が、他の外食チェーンであるB社を譲り受けた。A

社とB社が取り扱う飲料メーカーや食材卸等は異なっていたが、既存の仕入先との関係性を考慮しながら、原価構成の高いものから統一していき、原価低減を実現したという事例である。

これらの手法は単純なようではあるが、調達先との関係や調達価格レベル、使用条件などをよく把握しておくことが重要である。表面的な価格だけで判断すると効果を実現できないだけでなく、品質を悪化させるなどの問題が生ずる場合もあるので注意が必要である。

また、自社で設計を行っている製造業者同士のM&Aにおいて本格的に調達コストの低減を行うためには設計段階での共通化が必要になってくる。M&A直後での取り組みは難しい面もあるだろうが、長期的なコスト削減策として検討しておくべき課題である。

なお、部品や材料などの直接材の原価低減は留意する点が多く難易度が高いが、副資材や事務用品などの間接材は、調達量は少なくとも比較的取り組みやすいのでクイック・ヒットを狙って取り組むとよいだろう。

⑷　調達コスト低減の考え方

コストダウン効果を実現するためには調達額の大きい品目を優先して取り組むのが原則である。パレート分析を行い、調達額順の品目をならべてみると分かりやすい。

しかし、調達額が大きなものであっても、コスト低減実現の難しいものは拙速に効果を望まずに長期的にコスト低減に取り組む必要がある。PMIの観点では、調達額は小さくとも難易度の低い品目に取り組み、クイック・ヒットとして成果を出すと効果的である。間接材などが対象である（**図表4-Ⅳ-3**）。

⑸　サプライチェーンの維持・改善

今後、小規模事業者の廃業が増加することが予想される中、サプライ

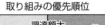

図表4-Ⅳ-3　調達シナジー取り組みの優先順位

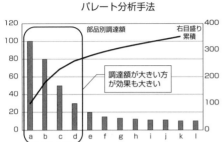

出所：筆者作成

チェーンを維持するために、M&A によって調達先を統合することが重要
な手段になってくる。

　1つの類型は、譲受側が調達先を買収するという垂直統合のケースであ
る。これは、安定調達に不安がある場合に調達先を買収して社内に取り込
むことを目的とする。ただし、譲渡側（買収先）が譲受側の競合他社にも
商品を販売している場合には、競合先が譲渡側の商品を購入しなくなり、
売上が減少するリスクを想定しておく必要がある。

　もう1つの類型は、譲渡側と譲受側が同種の事業を営んでいる場合に、
譲渡側が取引している調達先やサプライチェーンを譲受側が活用する目的
で譲渡側を買収するケースである。譲受側が現状の調達に満足しておらず、
譲渡側の調達先が技術や品質、コスト等で優位な要素をもっている場合に
有効である。

⑹　調達業務の統合

　譲渡側と譲受側では調達業務にも違いがあるのが普通なので、これを統
合する作業が必要になる。調達に関わる業務としては、取引条件の交渉や、
取引基本契約の締結等がある。

　取引条件とは引渡し条件や支払い条件、保証条件などである。これらは

譲受側の条件が有利な場合が多く、これに統一することが望ましい。しかし、調達先によっては変更に応じない場合もあり個別交渉が必要である。

　取引基本契約も統一する必要があるが、同様に個別交渉が必要な場合がでてくる。取引基本契約は部分的に修正すると整合性がとれなくなる場合があるため、変更内容によっては弁護士の助言を受ける方が良い場合もある。

　なお、譲渡側ではそもそも取引基本契約を締結していないケースも多いだろう。譲渡側において取引基本契約を締結していない調達先があれば、新たに契約の締結を進めることになる。

　注意を要するのは、同一の調達先であっても調達先の組織や調達製品によっては営業部門や担当者が異なっている場合もあることだ。一方的に統一を申し入れても、調達先が対応できない場合も出てくる。

【3】 生産シナジー

⑴　生産シナジー

　売上原価シナジーの中でも、生産シナジーは調達シナジーとならんで重要度が高い。中小 PMI ガイドラインでは、生産シナジーを実現するための取り組みとして、譲受側による譲渡側業務の改善があげられている。これは、生産現場、生産方法や在庫管理方法などを改善させるとともに、製品の品質を改善させることになる。生産体制の見直しは適切に行えば得られるコスト削減効果は大きく、生産シナジーの中心的取り組みとなる。また、生産シナジーからキャッシュフロー改善につなげることができる。コストダウンはキャッシュフロー改善につながるし、在庫削減を行えば直接のコストダウンにはならなくともキャッシュフローを得ることができる。

図表4-Ⅳ-4 ■生産シナジーの取り組みと効果

生産シナジーの取り組み
生産現場・在庫管理・品質管理の改善
生産現場の改善
在庫管理の改善
品質管理の改善
生産体制の見直し
生産拠点の集約・再編
製造工程毎の集約・再編
内外作の見直し

生産シナジーの効果
コストダウン
キャッシュフローの改善

出所：筆者作成

(2)　生産現場・在庫管理・品質の改善

　生産現場・在庫管理・品質の改善は、譲受側が譲渡側の業務の改善を支援することで売上原価の削減を実現する取り組みである。

　生産現場の改善手法として7つのムダの排除がある。すなわち、作りすぎのムダ、手待ちのムダ、運搬のムダ、工程のムダ、在庫のムダ、作業のムダ、不良品のムダを排除するというものである。このために5Sの改善を実施することが多い。5Sとは、整理・整頓・清掃・清潔・躾の頭文字をとったものである。

　中小企業、特に小規模事業者において5Sが十分にできていないケースが多く、これに取り組むことだけでも生産現場の大きな改善になる。5Sを改善すれば、QCDの改善につながるのは間違いない。5Sの改善は一時的なものではなく、習慣化して従業員のQCDについての意識を向上するという継続的な取り組みである。

　次に、在庫管理の改善である。これは、生産・販売活動に応じて必要な量を、必要な場所へ、必要なときに供給できるようにする取り組みである。

　適正な量とは、必要最小限の量ともいえる。在庫は少ない方がよいといわれるのは、倉庫代、マテハンコストなどの在庫管理コストがかかるとと

もに、運転資金が必要になるからである。在庫が陳腐化して廃却するリスクもある。一方で、在庫が少なすぎると欠品による機会損失が発生するし、BCP の観点からも一定の安全在庫を持つことが求められる。バランスを考えた在庫管理が必要である。

　譲受側にとっては統合後の事業において品質改善に取り組むことも重要である。譲渡側商品の品質が悪いと譲受側の商品価値にも悪影響を及ぼしかねないからである。ただし、品質は単に良い物を作ればよいというものではなく、どの市場を対象にするかというマーケティングの問題とも関連する。今まで高品質・高コストの製品を販売してきた譲受側が、低コスト・中品質の製品を販売する譲受側と統合し、新市場に進出する場合には高品質にこだわることがよいというわけではない。顧客満足を高めることができる品質の製品を販売するという考え方が必要である。

(3)　生産体制の見直し

　生産体制の見直しは、コストシナジーの中でも大きな取り組みになる。最も大規模な取り組みが生産拠点の集約・再編である。生産拠点の集約・再編ほど大がかりではなくとも製造工程ごとに集約・再編を行うこともあるし、内外作の見直しも考えられる。

　同業種の水平統合の場合には、製造を1箇所に集約することで生産能力の最適化を図ることができる。譲受側と譲渡側の両社が、同じ製造工程を保有している場合、製造工程ごとに集約することによって効率化をはかる場合もある。例えば、部品加工の工程は譲受側の工場に集約し、組立工程は譲渡側の工場に集約するという方法である。

　一方、組立型製造会社が部品製造会社を譲り受けるという垂直統合の場合に、譲渡側である部品製造工程を譲受側である製品組立工場に集約することによって物流コストを抑制し、製造リードタイムを短縮する取り組みが考えられる。

　また、生産拠点を集約することで製造自体の効率化に加えて、賃借料の削減などの製造間接費の改善効果もある。

　さらに、コストや品質、納期の観点で内外作を見直す取り組みがある。譲渡側が社外から調達している部品を、譲受側では社内で低コスト・高品質で製造しているのであれば、譲渡側は社外で調達することを止めて譲受側がに製造すればよい。逆に、譲渡側では調達先がないという理由で無理して高コストで社内製造していた部品を、譲受側の優良な調達先から低コストで調達できるようになるというケースも考えられる。

　生産体制の見直しを行う際には、正確な現状把握が必要である。両社の機械設備や工場の人員、稼働率、不良率などを正確に把握することである。曖昧なまま行っても、非効率になったり逆戻りしたりする可能性がある。

　また、生産体制の変化に伴う品質への影響を考えるべきである。生産工場や工程、使用設備、作業者が変れば品質に影響するからだ。BtoB事業においては製造工程を変更する際、事前に顧客の承認を必要する場合もあるので注意を要する。

　なお、近接していない工場を集約する場合、従業員の長時間通勤や引っ越しが発生する。中小企業の従業員にとって転勤や長時間通勤は想定していない事態であり、退職する従業員がでてくる。工場集約・再編の意義を十分に理解させるとともに、引っ越しや長時間通勤を支援する制度の検討が求められる。例えば、引っ越し費用を補助したり、一定期間は長距離通勤手当を出すなどである。また、一定程度の従業員が退職することは計画に織り込んでおく必要があるが、キーマンが退職したり、大量の退職者が出るような事態は避けなければならない。

　そして、工場の移転に伴い、調達先との距離が遠くなる場合もある。調達先によっては長距離の納品になり、値上げの要求や納入頻度を下げる要望が出ることがある。近場にあった調達先の営業担当が疎遠になってしまうこともあるだろう。

　生産拠点の集約によって不要となった工場は処分しなければならない。中小PMIガイドラインにでは、生産拠点が工場の賃借契約を期中解約した場合の違約金の発生が紹介されている。自社所有の場合には、土地を売却することになるが、収入が得られる一方で建物撤去費用や土壌調査などのコストが伴う場合があるので注意を要する。

⑷　コスト削減とキャッシュフロー

　生産・在庫・品質の改善に取り組んでも、短期間でコスト低減は目に見えにくいが、生産性は上がるのは間違いない。在庫管理の改善も同様である。在庫量が減ればキャッシュフローの改善につながる。

　品質の改善については、顧客からのクレームや返品が減ったり、社内での仕損費が減ったりする効果が期待できる。クレームに対処する費用や仕損費を改善すればよいだろう。

　生産体制の見直しは直接的なコストダウンにつながる場合が多い一方、設備の移管を伴う場合など相当な費用も必要になるので、計画的な取り組みが必要になってくる。

　注意を要するのは表面的なコストで評価するべきでない、ということだ。譲渡側の工場で製造していた部品をより効率的な譲受側の工場で製造すればコストダウンとなるが、それだけでは譲渡側工場の稼働率が下がって全体のコストは変化しないということになってしまう。一方、譲受側の工場は稼働率が高く新規受注できない状態だという場合に、効率の悪い譲渡側の工場に既存部品の製造を移管することによって譲受側工場に新規受注の余力を作り出すという戦略もあり得る。経営戦略や全体最適の観点をもとに判断していくことが必要である。

【4】販管費シナジー

(1) 販管費シナジー

　中小PMIガイドラインによれば、販管費シナジーを実現するための取り組みとして、広告宣伝・販促活動の見直し、間接業務の見直し、共同配送、管理機能の集約、販売拠点の統廃合が挙げられている。

　これらの中では、特に共同配送（物流シナジー）と販売拠点の統廃合が重要である。

(2) 物流シナジー

　物流は、顧客への物流、調達先からの物流、社内（倉庫間、拠点間）の物流に分かれる。

　顧客への物流コストを削減するためには、譲渡側と譲受側の価格比較、物流業者の統一、物流自体の統合、物流量の増加による価格値下げなどの手法に取り組むとよい。

　どの手法を活用するにせよ、譲渡側の現状や条件を整理しておく必要がある。荷物（商品）のサイズや重量、物量、梱包荷姿、出荷頻度、納入場所、荷下ろし条件等である。コスト削減効果を出しやすいのは、荷物が似ていて譲渡側と譲受側の出荷地点や納入先が近い場合である。運送方法においても、譲受側との違いを把握しておく必要がある。大量の出荷があればトラック1台分を借り切って顧客に納入する場合があるが、少量貨物であれば他の荷主の貨物と混載する場合もあり、物流コスト削減は簡単ではない。小規模事業者であれば、社長自ら軽トラックで納品している場合もあるだろう。また、顧客から納入時刻を指定されている場合もあるので要注意だ。

　物流の統合には、2つの方法が考えられる。1つは出荷地点の集約である。例えば、譲渡側と譲受側で納入場所（顧客倉庫・工場・店舗など）が

共通している場合、譲渡側は直接、顧客に出荷するのではなく、いったん譲受側の倉庫に納入してから出荷するという方法だ。これは譲受側の倉庫に納入するという追加コストが必要である。もう１つが共同配送だ、物流業者を統一した上で、物流業者が両方の工場や倉庫を巡回して製品を引き取った上で顧客に出荷する方法である。

　製造業の場合には、製造場所に制約されるが、卸売業者が調達先と納入先である顧客の間に自社倉庫を設置している場合には倉庫の統合を検討してもよいだろう。製品別・調達先別に倉庫を集約する、あるいは顧客別にを集約する方法である。**図表４-Ⅳ-5**のように製品別・調達先別に集約した場合は荷物が類似していれば倉庫でのマテハンが効率化できるし、調達先における納入コストが削減できるため調達コストダウンが可能である。顧客別に集約した場合には、出荷物流費が削減できるとともに顧客へのサービスレベルを向上することも可能になる。物量やサイズ・重量、顧客との位置関係等、実施するにあたっての検討項目は多岐にわたる。

図表４-Ⅳ-5■卸売業における製品別の倉庫統合イメージ

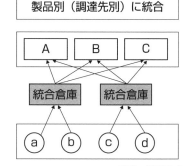

出所：筆者作成

⑶　販売拠点の統合

　中小PMIガイドラインによれば、販管費シナジーとして販売拠点の統

図表4-Ⅳ-6 ▨販売拠点統合のイメージ

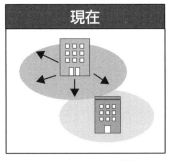 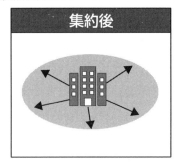

出所：中小企業庁「中小PMIガイドライン」（2022年）

廃合を取り上げている。販売拠点を統合することで拠点関連費用（賃料、光熱費等）の削減、業務平準化による効率化、効率化により捻出した人員による営業強化といった効果が得られる。異業種間の統合で業務平準化が難しい場合であっても、拠点関連費用の削減は可能である。

　販売拠点を統合する際に留意する点がいくつかある。

　まず、顧客サービスを維持・向上させることである。販売拠点を集約すると拠点から顧客への距離が遠くなり、訪問頻度が下がることもあり得る。コストは削減できたが顧客サービスが低下したのでは逆効果だ。また、拠点統合後の顧客対応については、顧客への十分な事前説明を行って顧客の理解を得ておく必要がある。

　次に本社営業部との関係を見直すことである。本社に譲受側と譲渡側の営業部が従来通りのままで、販売拠点だけを統合すると指揮命令系統や管理責任が曖昧になりやすい（**図表4-Ⅳ-7**）。これを避けるためには本社営業部の統合などの営業体制の見直しを考える方がよい。

図表4-Ⅳ-7　販売拠点のみ統合した場合の本社営業部との関係

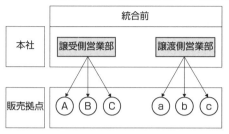
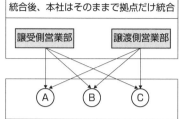

　第3に、両社従業員の信頼関係の構築である。拠点長は譲受側拠点長が続ける場合が多いとは思うが、譲受側が独占してしまうと譲渡側のモチベーション低下や信頼関係構築への阻害要因になりかねない。拠点の特性や対象者の能力等を見極めて適材適所の人事を行う必要がある。同業種同士の統合の場合、今まで同じ顧客を取り合っていた場合もある。本社の目が届きにくいこともあり、特に信頼関係の構築に気を使いたい。

　第4に同じ販売拠点統合にあわせて販売員の担当分けを変更した場合に、1つの顧客なのだから1人で営業に行けばよいと考えるのは単純すぎる。譲受側販売員が譲渡側の製品を扱う場合に製品知識の無いままでは単なる御用聞きになってしまい、顧客の信頼を失いかねない。担当を再編するときは、製品知識の習得や同行営業などの取り組みが必要である。

　販管費シナジーは、単にコスト削減の観点だけでなく、販売戦略の観点もふまえて検討すべきである。逆にクロスセルや販売チャネルの拡大などの売上シナジー実現に取り組む場合には販管費シナジーまで考えて行う方がよいという意味でもある。

　販売担当者の担当顧客や商品を統合前の状態から変えないのであればコスト削減には限界がある。本格的なシナジーを追求するためには、製品別、顧客別、地域別等に担当を再編することを検討すべきであり、そのためには様々な課題を解決していく必要がある。

第5章
管理機能の統合

I ── 管理機能統合のポイント

【1】 管理機能の全体最適の追求

(1)　各種シナジー発揮の源泉

　PMI では、事業機能の統合のほかに、管理機能の総務・法務、人事・労務、財務・経理、システム・IT といった分野に関して、統合や変更を進めていく。管理機能の統合は、会社の組織や社内業務に関するものが多い。管理機能の統合作業の善し悪しは、事業部門のシナジー発揮に良くも悪くも影響を及ぼす。

　M&A 成立までは、譲渡側も独立した事業体として事業を営んできた一企業である。総合による混乱を避けるには、M&A 成立後も譲渡側の管理機能を一定期間残してもよいだろう。しかし M&A の目的はシナジーの発揮にあるので、その一定期間を過ぎたら、統合を目指すべきである。

(2)　優先順位づけと全体調整

　PMI の全体最適を考えたら、 管理機能の統合や変更を急ぐ必要はない。優先して取り組むべき事項から着手するのがよい。管理機能に関する優先順位づけが的確でなくて、限られた時間で推進する PMI 集中実施期の作業で、すぐに取り組むべき重要な課題が後回しになったり、翌年以降に行えばよい事項に先に注力したりしてしまったりすると、理念やビジョンの浸透も、経営戦略や事業計画の構築も、経営体制の確立などのいずれもが停滞しかねない。そうなると、シナジー発揮どころではなくなる。

　PMI 推進の事務局（PMI 推進チーム）は、PMI の集中実施期になると、管理機能の分野別に統合作業の担当者を決めて、分科会を発足させる。そ

の後は全体最適の実現を目指して、PMI の推進を調整するべきである。
優先順位づけが的確でないと、取り組むべき課題の順序があべこべになっ
て、混乱を招くことになりかねない。

　財務・経理の分科会が、会計システムの統合や変更を提起するケースが
ある。そのとき、譲渡側にせよ、譲受側にせよ、財務・経理の実務担当者
は、急な変更に伴う混乱を回避するため、今年度に限ってはこれまでの会
計システムを使用することを希望するかもしれない。変更の主旨は分かる
が、丁寧に時間をかけて変更していく必要があるという、実務を踏まえた
考え方だ。しかし、事務局が経理実務に疎かったり、分科会の見解に事務
局が過剰反応したりすると、拙速な会計システムの変更を指示してしまっ
て、各部門が混乱し、円滑な決算事務ができなくなる事態を引き起こして
しまうかもしれない。

⑶　総合的なコーディネイト

　管理機能の統合は、経営面の統合と密接に連関する。だから、経営全般
の統合作業を考慮し、管理機能における作業を調整して最適を追究するべ
きである。中小 M&A に不慣れな会社は、全体のスケジュールの作成、
各専門領域の士業の有効活用、優先順位づけなどのために、社外の専門家
に統合作業へ参画してもらう進め方も一考である。担当者ごとの意見や、
各領域の専門士業の見解を踏まえて、事務局が社外の専門家の協力を得て、
全体を調整してコーディネイトすれば、PMI を円滑に推進できる。

【2】 組織の編成や体制の確認

⑴　中小企業の組織体制への配慮

　譲受側が譲渡側の管理部門を見たときに、組織や担当者があいまいと感
じられるケースがよくある。そもそも中小企業では従業員数が少ないため、

管理部門の担当者数も限られる。経営者が管理機能のすべてを取り仕切っている会社も決して稀ではない。経営者以外にメンバーが数名いて、管理業務を統括していれば、PMIは比較的進めやすい。

　一般的に中小企業では、人事は社長直轄、総務と法務と給与と経理は管理担当者が一括して担当、といった役割分担が多い。譲渡側の管理担当者がこれまで複数の役割を担当してきたとしても、必要に応じて司法書士、社会保険労務士、税理士、弁護士、行政書士などに外部委託してきたならば、業務は遂行できていたはずである。ただし、統合後は譲受側の担当者がこなすことも可能になるので、どのように役割分担にするのか、その検討は重要である。

(2)　組織構成や担当者の把握

　PMIの準備を本格化する段階で、譲渡側の組織構成を把握しておきたい。組織図が存在していなければ、譲受側が譲渡側の既存の組織図を作成してみるべきである。既存の組織構成を把握すれば、どの機能に不備や問題があるのか、どの業務の役割を強化するべきかなど、統合後にPMIで設けるべき機能や行うべき業務を整理できるのである。

　譲受側の各担当者が譲渡側と協議を開始したところ、結局は社長でないと説明できない、係争中の案件については弁護士に確認しなければ訴訟の経過が分からない、決算数値については顧問税理士に質問しなければ解明できない、といったケースがある。しかし、統合後は社長職や弁護士や顧問税理士に任せ続けるわけにはいかない。管理機能のPMIでは、譲渡側のこれまでの業務の進め方や担当区分に固執してはいけない。既存の組織や担当者の実態把握をもとに、PMIの遂行組織や、統合後の事業の組織体制を構築していく。

【3】統合作業の実践

　統合作業の実践では、該当部門、PMI 推進チームをはじめ、社内の多くの部門が関わっていくことになる。したがって、プロジェクトの方針検討、計画策定、実行・検証の PDCA サイクルを回しながら、進捗状況を共有していくことが重要となる。方針検討段階では、優先度、取り組みの完成期日を明確にしながら進めていくことになる。

　統合にあたっての多くの課題を多くの関係者で、情報を共有しながら効率的に進めていくために、業務統合のためのツールを活用していくことが重要である。課題管理表や、内部統制の 3 点セット（業務フロー図、業務記述書、RCM（リスク・コントロール・マトリックス））は PMI にも活用できるツールである。

⑴　スケジュールの管理

　管理機能の統合の重要なポイントはスケジュールの管理である。通常、管理機能の統合は、現状の業務を行いながら実行するため、部門ごとの年次、月次のイベントを考慮しながら進める必要がある。

　そのため、①タスクを洗い出し、期日を明確にする、②担当者を決める、③優先順位を決める等の項目を決定していく必要がある。

　スケジュールの策定にあたっては、会社ごとの業務統合の単位で策定するのが望ましい。業務統合は、組織別または機能別に統合が行われるため、例えば、総務・法務、人事・労務、経理・財務、IT システムのような統合の単位ごとに作成することになる。市販のプロジェクトツールを使用することもできるが、下記のようなスケジュール表をエクセル等で作成するだけでも十分である。

図表5-Ⅰ-1　スケジュール表例

領域等	課題	担当者	1月	2月	3月	4月	5月	6月	7月	8月	9月	10月	11月	12月
プロジェクトマネジメント	定例会議	A氏	原則毎月実施											
会計・財務分野	決算期の変更	A氏	支援機関への支援依頼		支援機関のアドバイスに基づき、スケジュール作成									
法務分野	個人情報管理の徹底	B氏					マニュアル作成		研修実施						
ITシステム分野	社員全員へのPC導入	C氏				PC調達		配布							
事業機能	宣伝広告媒体の共通化	D氏									カレンダーデザイン検討		発注		

出所：中小企業庁「中小PMIガイドライン」（2022年）

⑵　情報共有のツールの整備

①　課題管理表

図表5-Ⅰ-2　課題管理表例

優先度	領域等	課題	具体的な取組	担当者	取組の着手	取組の完了期日
高	会計・財務分野	決算期の変更	・決算期の12月への変更手続 ・支援機関への支援依頼	A氏	即時着手	翌12月まで
高	法務分野	個人情報管理の徹底	・個人情報保護対応マニュアルの作成 ・社内研修実施	B氏	即時着手	5か月以内
中	ITシステム分野	社員全員へのPC導入	・共同利用PCを利用していた社員が1人1台所有できるようPCを調達、配布	C氏	2月	5か月後
低	事業機能	宣伝広告媒体の共通化	・譲渡側社名入りカレンダーを譲受B社グループの連名式カレンダーとしてデザイン変更	D氏	6月	10月下旬

出所：中小企業庁「中小PMIガイドライン」（2022年）

　課題管理表は、各領域ごとの課題、具体的な実施事項、担当者、優先度、完了期日、進捗状況を記載した一覧表で、実施すべき課題を関係者で共有するために重要なツールである。実施すべき課題の洗い出し段階から、実行・検証段階までの状況を把握できるツールであるため、関係者全員に共

有され、適時にもれなく更新されることが必須である。

② 定例会議の報告フォーマットの策定

図表5-I-3　進捗報告フォーマット例

優先度	領域等	課題	具体的な取組	担当者	進捗状況	遅延理由/リカバリ策	他部門への協力依頼
高	会計・財務分野	決算期の変更	・決算期の12月への変更手続 ・支援機関への支援依頼	A氏	予定通り	−	−
高	法務分野	個人情報管理の徹底	・個人情報保護対応マニュアルの作成 ・社内研修実施	B氏	遅延	担当者変更、引継ぎに伴いマニュアル作成が一時停滞。後任者は、個人情報保護に精通しているため、作業効率向上により完了期限までには完了する見込み。	IT部門への依頼オンライン研修を検討中。新規購入予定のPCの仕様を共有いただきたい。
中	ITシステム分野	社員全員へのPC導入	・共同利用PCを利用していた社員が1人1台所有できるようPCを調達、配布	C氏	予定通り	−	−
低	事業機能	宣伝広告媒体の共通化	・譲渡側社名入りカレンダーを譲受B社グループの連名式カレンダーとしてデザイン変更	D氏	予定通り	−	−

出所：中小企業庁「中小PMIガイドライン」（2022年）

　PMIの過程においては、全体または各プロジェクト単位で、定例会議が行われ、進捗状況が報告される。報告されるべき内容を明確にすることは、進捗状況の報告書、参加者双方の利便性を高めるためにも重要であるため、定例会議のフォーマットを事前に定めておくことが望ましい。

　前述の課題管理表に、報告事項欄として「進捗状況」、「遅延理由／リカバリ策」、「追加日数、コスト見込み」、「他部門への協力依頼」等の項目を追加することも考えられる。

③ ビジネスチャットツールとオンラインストレージ

業務の統合に限ったことではないが、プロジェクトを進めるうえで、コミュニケーションをタイムリーかつ簡易に行うことは、プロジェクトを効率的に進めていくうえで重要である。そのための有用なツールがビジネスチャットである。また、コミュニケーションと合わせて、作成文書等をオンラインストレージで共有することで、日々の進捗状況も見えるようになる。一定のタスクについて標準フォームを共有することで各担当者が同じ作業を実施するような無駄を削減できる。

ビジネスチャットツールとオンラインストレージの選定にあたっては、管理機能やセキュリティ、会社の他のITツールとの連携等を考慮して決定する。また、運用ルールを明確に設定し、周知することも重要である。例えば、チャットツールの運用ルールでは、記載内容の範囲や禁止事項などを定め、オンラインストレージの運用ルールでは、フォルダ構成、ファイル名の付け方、バックアップ方法等を定めることが考えられる。

(3) 統合時のツール

管理機能の統合では、譲渡側・譲受側の現状を適切に把握することが重要である。統合の実行の前に、どの業務の、どの個所を統合するのかしないのか、どちらに合わせるのか、それとも新たな業務内容にするのかを決定していくことになる。そのために有効と考えられる業務洗い出しの3点セットや、業務引継ぎリスト等のツールを活用していくことが考えられる。

① 業務洗い出しの3点セット

・業務フロー図

業務フローの目的は、業務の見える化である。管理機能の統合にあたっては、まず、統合されるべきそれぞれの業務を理解する必要があるが、これには業務フローの作成が効果的なツールの1つと考えられ

る。既に業務フロー図が作成されていれば、それを用いることができる。もし作成したことがなかったり、10年以上前に作成して現状と乖離したりているような場合には現状の業務を理解するうえでも一度作成をする必要があるだろう。

　業務フローを比べることで、差異を明確にし、統合すべき業務の箇所が明確になる。

・業務記述書

　業務記述書とは、業務フロー図で記載されているような業務の流れを文章で記載したもので、業務フロー図で表現されている全般的な業務の流れに加え、業務フロー図では表現できないような業務の詳細な内容が記載されるものである。業務記述書のうち、社内の業務で重要なものについては、製造マニュアルや、経費処理マニュアル等のマニュアルとして利用されている場合もある。

・RCM

　RCM（リスク・コントロール・マトリックス）とは、業務フロー図、業務記述書をもとに作成される。業務プロセスごとに想定されるリスクと、それに対する統制（コントロール）を一覧にまとめ、会社が求める水準で業務プロセスが適切に運用されるための内部統制が整備・運用されていることを確認するツールである。

　より精緻な内部統制の品質を管理するためのツールであるので、中小企業の PMI において必ずしも必要な資料ではないが、非常に重要な業務プロセスがある場合や、株式上場を目指す場合、上場会社並みの内部管理体制を目指すような場合には作成をすることも有効と考えられる。

図表5-I-4■業務フロー図（例）

事業Aに係る卸売販売プロセス

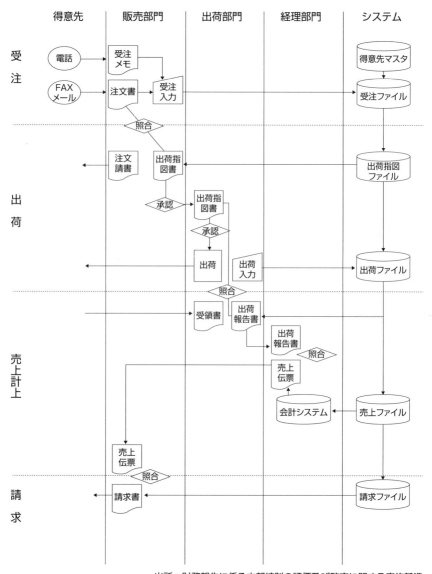

出所：財務報告に係る内部統制の評価及び監査に関する実施基準

図表 5 - Ⅰ - 5 ▉リスク・コントロール・マトリックス（例）

| 業務プロセス | リスク | | | コントロール | | | | | アサーション | | | | | 評価内容 |
	リスク No.	リスクの内容	コントロール No.	内容	頻度	手作業/自動/手+自動	アプリケーション・システム	実在性	網羅性	権利と義務の帰属	評価の妥当性	期間配分の適切性	表示の妥当性	
受注	R1	受注入力の金額を誤る	C1	注文請書、出荷指図書は、販売部門の入力担当者により注文書と照合される。全ての注文書と出荷指図書は、販売責任者の承認を受けている	都度	手作業	販売システム	○	○					有効
受注	R2	与信限度額を超過した受注を受ける	C3	受注入力は、得意先の登録条件に適合した注文のみ入力できる	-	自動	販売システム				○			有効
・・・														
出荷	R8	出荷依頼より少ない数量を発送する	C10	出荷部門の担当者により出荷指図書と商品が一致しているか確認される	都度	手作業	生産システム	○			○			不規則的な出荷に担当者が対応できなかった。
出荷	R9	出荷指図書の日程どおりに商品が出荷されない	C12	出荷指図書の日付と出荷報告書の日付が照合される	日時	手+自動	生産システム					○		有効
・・・														

出所：財務報告に係る内部統制の評価及び監査に関する実施基準に筆者加筆

②　業務引継ぎ書

　もし、経営統合の過程で何らかの理由により、特定の人物または部門、サービスベンダーが管理機能の統合に参加できないような場合も想定される。このような場合には、業務引継ぎ書を作成してもらう必要がある。管理機能を統合するにあたって、そもそもどのような業務が行われているかが分からないようでは適切な統合は行えない。

　業務引継ぎ書には業務の流れ、作成書類、情報の収集元、資料、データの保管先、実施時期（月次、年次）、作業工数等を記載する。

⑷　外部専門家との連携
①　外部専門家の利用

　管理機能の統合は、通常業務が継続する中で行われるため、統合業務を効率的かつスピーディに実行するためには外部専門家をうまく活用すべき

である。それにより、社内の担当者は、内部の管理業務、特に今後も継続する社内のコアとなる業務に注力することができる。

　また、合併等に係わる業務は通常の業務と異なる。役所等の外部機関に係わる業務、専門性の高い業務については、同様の事例を多く経験している外部の専門家との連携を積極的に検討すべきである。

　コスト面でも外部専門家の利用はメリットがある。必要な時期に必要な業務内容、業務量を依頼することができ、不要になれば契約を解約できることから、PMIのコストを合理的にすることにも資する。

②　外部専門家の選び方

　外部専門家の利用にあたっては、法律等に基づく専門性を考慮することになるが、近年は同じ資格者であっても、専門分野や経験がおおきく異なることがあるため、自社が依頼したい業務内容を明確にしたうえで、外部専門家を探す必要がある。また、専門家に一定の業務範囲をまとめて依頼したいのか、それとも専門家の指導のもと、社内のリソースを用いて実施したいのか等により、コストや専門家とのスケジューリングに違いが出てくることに留意が必要である。

③　外部専門家間の情報の引継ぎ

　2社の合併の場合には、それぞれの会社に業務を提供してきた専門家、例えば、顧問弁護士、顧問税理士は、統合にあたり通常であれば譲受側の顧問弁護士、顧問税理士が継続し、譲渡側の顧問は契約が終了することとなる。

　会社としては、それぞれの分野の専門家として十分な引継ぎが行われることを期待するが、必ずしも十分な引継ぎが行われないことも実状である。契約が終了した顧問弁護士、顧問税理士は契約に基づく役務の提供を行う義務はなくなるからである。

　そこで、譲受会社、譲渡会社それぞれから顧問弁護士に対して十分な引継ぎを行うことを要請することは当然として、できれば会社主導で引継ぎの場を設定して、引継ぎが適切に行われていることを確認することも考えられる。

図表5-I-4 ■外部専門家を利用する領域と業務

領域	外部専門家	連携業務
PMIの実行、公的な支援の利用	中小企業診断士	・事業再編等に係わる助成制度、補助金の検討 ・PMIプロセスの実行支援
人事労務（給与、福利厚生）	社会保険労務士	・労働契約の承継 ・労働条件の検討（不利益編国の論点 ・各種届出（年金事務所、労働基準局、自治体等）
総務（会社商業登記、不動産登記）	司法書士	・定款の内容の変更 ・会社変更登記 ・不動産移転登記
法務（コンプライアンス、訴訟）	弁護士	・規定類の整備 ・合併時または合併後の労務問題の対応
行政手続き	行政書士	・各種届出
税務	税理士	・合併に伴う税務処理の検討 ・合併に伴う各種届出　など
財務、会計	公認会計士	・会計方針の検討 ・組織再編に係わる会計処理 ・のれんの評価 ・資金繰り、資金調達支援　など
ITシステム	システムベンダー	・基幹システムの統合方針の検討 ・統合業務の役割分担 ・セキュリティ方針の策定支援 ・稼働後の運用のサポート　など

Ⅱ──総務・法務機能の統合

【1】 総務・法務の統合作業の特性と主な項目

⑴　中小企業の総務・法務の特性

　中小企業では、総務部、経理部などがまとめて管理機能を担っている場合が多く、譲渡側に独立した法務部や専門の法務担当者は配置されていないことがほとんどである。

　総務の業務は、中小企業でもどの会社にも存在する。また、総務部門では、法令の遵守や社内規則の制定・運用などを、共通の規準で管理しているはずである。管理機能の場合、譲受側・譲渡側双方の担当者が協議して、統合作業を進めていくのがよい。M&A 形態は、吸収合併、事業譲渡、株式譲渡のいずれかになるだろう。形態ごとに総務・法務分野の統合作業で関係する点を、**図表5-Ⅱ-1** に示している。

⑵　総務・法務の統合業務の項目と優先順位づけ

　M&A の正式な機関決定や社内への情報開示の時期を考慮すれば、総務・法務の担当者が早くから準備できるとは限らない。また、着手してからかなりの時間を要したり手間が多かったりで、PMI が一段落した後まで及ぶ業務もある。総務・法務としてくくられる分野の業務項目を**図表5-Ⅱ-2**で列挙している。これらのそれぞれについて、いかに行う必要があるかないかを、ひととおりチェックしてから、PMI の本格的な遂行をスタートするべきである。

　限られた時間内に統合業務を円滑に展開するには、優先順位づけが重要である。そこで、優先順位を決めるために、**図表5-Ⅱ-2** では、総務・法

図表5-Ⅱ-1■中小M&Aの主な3形態

	形態	譲渡側	譲受側	煩雑程度
吸収合併	一体化型	法人格が消滅	不良資産も賠償債務も、統合してから発覚した簿外債務や潜在債務も、すべて引き継ぐ。	比較的容易
事業譲渡	一体化型	事業の一部または全部を手放す	取得する権利や義務を限定できる。（権利や義務は事業を引き受ける会社にすべて移転するわけではない。）	手間を要する
株式譲渡	子会社化型	会社や事業自体に変更なし	相手方の株式を取得して、資本の上下関係をもとに支配権を行使。権利や義務、資産や負債、許認可、契約、従業員などすべてを引き継ぐ。	容易

図表5-Ⅱ-2■総務・法務分野の統合業務の主な項目

	統合業務の項目	早急度	負担度	重要度
a）	商事法務（定款、登記など）	☆☆	☆	☆☆
b）	会社機関（株主総会や取締役会の運営など）	☆☆	☆	☆☆
c）	株主、株券（株主名簿、株式管理など）	☆☆	☆	☆☆
d）	許認可・行政対応	☆☆☆	☆	☆☆
e）	広報（連絡通知、電話対応、ホームページなど）	☆☆☆	☆	☆☆
f）	契約文書（営業取引、受委託、賃貸借、金銭消費貸借、雇用など）	☆☆☆	☆☆☆	☆☆☆
g）	訴訟、紛争	☆☆	☆☆	☆☆
h）	諸規程（文書、権限、決裁（稟議プロセス）など）	☆	☆☆☆	☆☆
i）	債権債務	☆	☆☆	☆☆
j）	不動産（管理、売買、担保設定、登記、活用など）	☆	☆☆	☆☆
k）	特許、商標、その他無形資産	☆	☆☆	☆☆
l）	機密保持、消費者保護	☆	☆☆	☆☆
m）	コンプライアンス、内部統制、ＣＳＲ	☆	☆☆	☆☆
n）	ＢＣＰ	☆	☆	☆☆

務分野の統合作業における業務の項目を、早急度・負担度・重要度によって整理している。

　総務と法務の業務で早急度を決める観点は、対外関係、事業継続、経営

　方針の浸透、業務遂行の円滑化などである。まず、M&A 成立時には、社外や社内の広報の仕事として、各方面への連絡・通知、電話やメールへの対応、ホームページや SNS の更新などは、抜かりなく行うようにしたい。また、許認可の取得要件に抵触する可能性があるので、変更に事務手続きを要する場合などは行政協議を早めに進めておくべきである。そして、契約文書は、企業法務担当者にとって、早急度・負担度（時間や労苦）・重要度のいずれも大きい業務である。

　総務と法務の業務で負担度の軽重を判断する基準は、作業の所要期間と手間や労苦などである。負担度が重い業務としては、契約文書のほかに、社内の諸規程（業務分掌規程、権限規程、決裁規程など）がある。これは、譲受側のガバナンス構築の方針に基づく実務作業そのものである。諸規程の制定は早めに遂行できればよいが、少し時間を要しても、譲受側が決める方針に従わなければならない。

　総務や法務の統合では、M&A 形態の考慮やガバナンス構築に加えて、各種シナジーの発揮、信頼関係や新たな企業風土の醸成などにも留意する必要がある。この 4 つは重要度の高さを判断する基準となる項目である。

図表 5-Ⅱ-3　優先順位づけに必要な 3 つの視点

	判定基準となるチェックポイント
早急度	事業継続 対外関係 経営方針の浸透 業務遂行の円滑化
負担度	作業の所要期間 手間や労苦
重要度	Ｍ＆Ａ形態の考慮 ガバナンス構築の方針 各種シナジーの発揮 信頼関係や新たな企業風土の醸成

【2】 事業活動に必要な免許や許可など

⑴　既存の許認可を承継できないケース

　事業譲渡や吸収合併の場合、譲渡側がそれまで営んでいた事業は、譲受側の事業に変わってしまうので、許認可は原則として取り直しになる。それ以外の形態のM&Aでも、許認可の承継が認められないケースはあり

図表5-Ⅱ-4■業種別の許認可と所轄行政機関の一覧（※これがすべてではない）

種別	業種	所管行政
免許	宅地建物取引業	国土交通大臣または知事
	酒類製造業、酒類販売業	税務署長
許可	医薬品・医薬部外品・化粧品製造販売業	厚生労働大臣または知事
	医療機器製造販売業	
	有料職業紹介	厚生労働大臣
	労働者派遣業	
	建設業	国土交通大臣または知事
	道路旅客運送業	国土交通大臣
	道路貨物運送業	
	風俗営業（バー、クラブ、遊技場など）	警察署
	医薬品販売業、薬局	知事
	病院・診療所	
	公衆浴場業	
	旅館業	
	映画館	
	産業廃棄物処理業	
	中古品販売、リサイクル店	都道府県公安委員会
	一般廃棄物処理業	市町村長
	食品製造業	保健所長
	食料品販売業	
	配達飲食サービス業	
	食堂・レストラン	
	持ち帰り飲食サービス業	
指定	介護サービス	知事
認証	自動車整備業	地方運輸局長
認定	警備業	警察署
登録	石油卸売業	経済産業大臣または知事
	電気工事業	
	倉庫業	地方運輸局長
	旅行業	
	保険代理店	財務省財務局（金融庁からの委託）
	建築士事務所	知事
届出	保育所	
	鍼灸・柔道整復師	保健所長
	美容院・理髪店	
	クリーニング業	

◆免許
　特定の資格を持った者に権利や地位を与えて許すもの
◆許可
　一般に禁止される行為の禁止を解除するもの
◆指定
　一定の基準に適合すると認められるもの
◆認証
　書類が提出され、正当な手続きが成されたことを証明するもの
◆認定
　書類が提出され、一定の事実の確認が成されたもの
◆登録
　書類が提出され、帳簿に登録されれば成立するもの

得るので、あらかじめ行政機関によく確認しておかなければならない。また、許認可を承継できても、変更や更新の事務手続きを要するときもある。デューデリジェンス（DD）の段階から行政機関に相談して、早めに準備をはじめておいた方がよい。許認可を引き継げないならば、譲受側がM&Aに先立って新たな許認可を取得することになる。

(2)　業種別の許認可制度チェック

　許認可取得の負担度（手間や労力、所要時間等）は、譲受側よりも譲渡側の方がよく分かっている場合が多い。双方が交流を密にして取り組んで、手続きをスムーズに進めたい。ただし、法制度自体も行政期間における運用も、年々変更になりがちで、過去の情報が通用しないケースがある。やはりDDの段階から行政機関との協議を開始しておくべきである。

【3】商事法務

(1)　商業登記に関する手続き

　株式譲渡で支配株主が変更になるケースでは、譲受側の方針で経営を行うために、M&A成立後直ちに臨時の株主総会を開催し、商号変更、定款変更、新役員選任などを決議し、その総会直後の取締役会で新たな代表取締役を選任する進め方があり得る。商業登記に関する手続き、株式名簿の管理や株主対応、取締役会や株主総会などの運営、事業報告の作成などは、これまでは双方の総務担当者がそれぞれ行ってきたのだろうが、統合されれば譲受側が一括して行うのが順当だ。どのM&Aの形態でも、商号や代表者の変更や、定款記載事項の見直しを要するケースはよくある。これらは司法書士に委託して進める。

　PMIの準備を本格化する段階で行うDDにおいて、商業登記情報を確認すると、実態にそぐわない情報内容に気付くケースがある。早めに司法

書士に相談し、この PMI を通じて錯誤や未登記を是正する対応を行って、新たなスタートを切るべきである。

⑵　株主の確認と株式の整理・集約

　株式譲渡や現金対価の合併では、株式が分散していたり、一部の株主の所在が不明だったりすると、統合後に少数株主が残ってしまいかねない。

　株主総会では基本的に総議決権の2分の1超の株式保有で通常決議を可決できるが、会社の特に重要な事項は、出席株主の議決権の3分の2以上の賛成がないと特別決議での可決に至らない。したがって、譲受側はできれば譲渡側の全株式を取得しておくのが望ましい。M&A 実行の前に、譲渡側の経営者が少数株主から株式を買い取っておくべきである。

　また、株主名簿が未整備であれば、M&A の成立前に整備しておく必要がある。M&A が成立しても、一部の株式が実際には出資していない親族や知人の名義になっている（名義株）の状況があれば、早めに買取りを進めるのが得策である。

⑶　会社の機関の企画・運営

　会社法に定められた意思決定機関として、株主総会や取締役会があるが、その企画や運営は、総務担当者が事務局として携わるケースが多い。譲渡側で株主総会や取締役会を会社法に則った開催をしていないとか、開催されていても議事録が作成・保管されていないといった事例がままある。統合後からは、譲受側の総務担当者は、役員を必要な決議に導いて、議事録を作成・保存するように努めなければならない。

【4】 取引法務

⑴　契約先への通知

　対外的な契約について、M&A 成立に伴って必要となる対応の有無を確認しておかねばならない。営業上の取引の基本契約書、不動産の賃貸借契約書などの条項を一言一句確認する必要があるのだ。営業取引の基本契約書ならば営業部門、不動産賃借の契約書ならば営業所や工場に保管されているだろう。総務や法務の実務担当者が調印済みの文書をリストアップして、必要な対応を統括するのが望ましい。

　契約書には、「契約当事者としての地位に変更が生じたら、相手方に通知する」との旨の条項があるケースが多い。会社の商号や所在地や代表者の変更であっても、その事実を相手方に申し出るべきという意味である。M&A も通知するべき事象に該当する。

⑵　契約上の地位の承継

　吸収合併や事業譲渡は譲渡側の地位が譲受側に承継されるが、株式譲渡の場合、契約当事者の地位が移転せず、相手方に通知するだけで済んでしまう場合が多い。これに対し、事業譲渡では営業的に通知するだけでは済まない。個別に承諾や同意を得る必要がある。

　事業譲渡の場合、営業上の取引における売り主の地位や買い主の地位、金融機関からの金銭消費貸借における借り主の地位、不動産の賃貸借における賃貸人（貸主）の地位や賃借人（借主）の地位など、いずれについても契約の相手方の承諾や同意を得なければならない。手続きの方法には、承諾書の差し入れ、地位承継合意書への調印、あるいは改めて新たな契約書を作成するケースもあり得る。なお、不動産の賃貸借では、賃借人の地位を新賃借人へ承継するだけでは、敷金・保証金は承継できない。賃貸人と旧賃借人の間での承諾や同意に関する文書に、敷金返還請求権の譲渡と、

旧賃借人が預けている敷金を新賃借人の債務不履行の担保とすることに関する合意の明記も必要である。また、事業譲渡では、従業員との雇用契約は譲受側に承継されないので、個々の従業員から転籍について同意を得たうえで、譲受側が従業員との雇用契約を新たに締結することになる。

⑶ チェンジ・オブ・コントロール条項

チェンジ・オブ・コントロール（COC）条項はM&Aなどによって経営権の変動が生じた場合に、契約内容の制限や契約解除を規定する条項である。すなわち、対外的な取引契約にCOC条項が存在していたら、M&Aが契約解除理由になって、M&A成立後の事業継続に支障を生じる可能性がある。具体的には「株主に2分の1を超えて変動がある場合は、事前にその旨を書面で通知する」との緩めの記載がある一方、「2分の1を超えて変動した場合は、何ら催告なく本契約を解除できる」との厳しい記載のケースもある。

もしもDDの段階で、譲渡側の対外的な取引契約にCOC条項が見つかったら、譲受側としては、譲渡側のCOC条項の適用回避がM&A成立の必須条件になるかもしれない。その場合には、M&Aの最終契約にコベナンツ（誓約事項）として記載し、譲渡側にCOC条項処理を義務として課すのである。譲渡側は取引契約の相手方から、確約書を受け取るなど事前の同意を得ておかなければならない。

⑷ 債権債務の取り扱いと債権者保護

事業譲渡では、資産や権利を個別に承継する。譲渡側と譲受側で締結調印するのは事業譲渡契約書であり、事業の売買である。債権や債務を引き継ぐ場合には、事業譲渡契約書に譲渡資産目録の添付や譲渡債務明細が明記されることになる。

株式譲渡では、資産や権利を個別に移転することはない、売却対象の会

社（譲渡側）の株式を売却し、買収する会社（譲受側）やその会社の株主がその株式を購入する契約を締結するスキームである。いわば、株式という財産の移転であり、株式譲渡契約によって債権や債務が譲受側にそのまま引き継がれ、取引先との契約当事者の個別同意がなくても成立する。

　吸収合併や吸収分割では、債権者保護の手続きが必要である。譲渡側の債権者からすれば、契約の相手方が譲渡側から譲受側へ移転し、それまでの債務者の事業や財務の状況が変化し、債権者とすれば債権を回収できなくなるリスクが生じるのだ。そこで、会社法では債権者保護手続きが規定されている。すなわち、官報への公告掲載と、知れたる債権者それぞれに対して催告を行って、1か月の申出期間を設けなければならない。それによって、債務の弁済を求められることがある。

【5】 譲受側が個人の場合（法人との比較）

　個人事業主を譲受人とするM&Aは、商法の営業譲渡の規定が適用され、これは事業承継のスキームと同じである。包括的な譲渡はできず、譲渡契約には、譲渡の対象とする営業権や事業用資産の範囲、譲渡対価、従業員の雇用継続、退職金や社会保険料の負担、債務の承継などの事項を記載する。債務については記載しない限り、原則として承継されない。

　また、譲受側の個人事業主は、譲渡側の許認可の引継ぎができず、新たな許認可を取得しなければならない。

　譲受側が法人であれば、PMIにおける統合作業は、経営や営業の戦略から人事、財務などを含めた管理部門の個別戦略にまで及ぶケースが多い。一方、個人事業主が譲り受ける場合、PMI業務の範囲は事業用資産や営業権の移行、従業員の雇用や取引先との人的関係など、事業に直接関わる部分に限定される傾向がある。譲渡側が個人事業主だと、個人の財産や負債と事業のそれらとが一体化している場合が多い。一例として、事業用資

産に譲渡側経営者の固有のノウハウや技術が含まれるケースがある。資産の評価や財務 DD が十分にできなかった場合、PMI が煩雑になるかもしれない。また、従業員は個人事業主との間に新たな労働契約を締結する必要がある。譲受側の個人事業主は譲渡側の労働条件を十分に検討し、必要な修正を行い、新たな雇用契約は文書で締結しておくべきである。

【6】 知的財産権の取り扱い

⑴ 知的財産権に関連する業務の範囲

　知的財産権の承継は、DD から PMI に至るまでに、最も慎重に検討したうえで、承継するべき項目である。DD において重大な問題点やリスクが判明すれば、M&A 成立に至らないし、譲受側に確固たる知的財産戦略があれば、知的財産権の承継が M&A の主たる目的となるかもしれない。

　知財担当者は、事業部門と連携して PMI 業務に臨む。その業務は知的財産に関する譲受側の戦略や方針に基づくもので、業務内容は様々である。具体的には、所管行政への出願、保有知財の管理、知財にかかる調査・分析、ライセンス対応（契約・収支管理など）、他者の知財を侵害している懸念があるケースでの権利侵害の回避、などである。

　図表5-Ⅱ-5では、わが国における知的財産法規を示している。知的財産権に関する法規は、権利付与法と行為規制法に分類できる。

⑵ M&A に伴って生じる知的財産権に関する課題

　事業譲渡であれば、知的財産権が譲渡資産の対象になった場合に、譲渡契約によってその知財の所有権は譲受側に移転する。吸収合併や株式譲渡（子会社化）で包括的な承継が行われると、知財は M&A 成立後には当然に譲受側に帰属する。会社分割で子会社化する場合には、事業譲渡と同様に、承継されないケースもあり得る。

図表5-Ⅱ-5■主な知的財産権とその保護法規

産業的創作物	発明	特許権	出願から20年	特許法	権利付与法
	考案	実用新案権	出願から10年	実用新案法	
	意匠	意匠権	出願から最長25年	意匠法	
	商標	商標権	登録の日から10年	商標法	
文化的創作物	著作物	著作権	著作者の死後70年	著作権法	
	営業秘密			不正競争防止法	行為規制法

出所：「知的財産法入門」（特許庁ほか、2017年）、「契約ウォッチ」（㈱ LegalOn Technologies、西田聡子、2022年）を筆者一部加筆

M&A の形態次第で、譲受側がその知財を所有するか、しないか、あるいは所有できるか、できないかによって、PMI 以降の事業展開に大きく影響する。譲渡側の知財を所有できない場合、譲受側は譲渡側とライセンス契約を締結する方策があり得る。また、当該知財の開発者や発明者などのキーパーソンが、譲受側に移籍するかどうかも、事業展開上で重要な問題となる。

ここまでは、譲渡側が知財を所有していたケースでの想定だが、譲渡側がそもそも知財を所有しておらず、他社とのライセンス契約に基づいて、知財を使用しているケースがある。さらに、ライセンス契約に基づいて、他者に知財をさせてきたケースもある。いずれのケースでも、そのライセンス契約上の地位を、譲受側が果たして承継できるであろうか。使用許諾契約に COC 条項が記載されていれば、地位を承継できない可能性があるので、注意が必要であり、M&A の成立前に解決しておくべき課題である。

(3)　知的財産権に付随する契約等

知的財産権に付随する契約に、ソフトウェアのライセンス契約がある。これは著作権で保護されたソフトウェア利用の許諾契約であり、使用を許諾する著作権者を「ライセンサー」、許諾を受ける相手方を「ライセンシー」という。ライセンサーによる事前の承諾なしに、ライセンシーがライセン

スを第三者へ譲渡する行為は通常は禁止事項である。譲渡側がライセンシーの場合、ライセンサーからの許諾が得られるかどうかが問題となる。

　次に、製造委託契約（OEM 契約）が承継の対象になるケースがある。自社ブランドの製品を販売する目的で、製造能力を有する他社（受託者）に製品の製造を委託し、その他社が製造した製品の供給を受ける契約である。譲渡側が他社に製造を委託している場合、また、他社から製造の委託を受けている場合、委託者または受託者からの許諾が得られるかどうかが問題となる。

　秘密保持契約も承継しなければいけない。経営情報・顧客情報・技術情報などを他社に開示する場合に、相手方に対し、情報の本来の用途以外の目的での利用や、第三者への開示を禁止する契約である。この契約は M&A の DD でも多用されている。文書名が機密保持契約や守秘義務契約であっても、実際に生じる法的効果は契約書の規定内容次第であり、タイトルだけで違いは生じない。

【7】 総務・法務分野のその他の PMI 業務

⑴　社内諸規程の整備

　総務や法務の担当者が関与する社内の諸規程には、業務分掌規程、権限規程、決裁規程などがある。譲渡側の中小企業は、社内規程が整備されていないケースが多い。その場合、PMI を通じて、譲渡側のそれまでの業務執行を理解したうえで、新たな社内体制や業務遂行の枠組みを整備していくのが望ましい。

　譲渡側において諸規程がすでに整備されていれば、当面は譲渡側が従来適用していた枠組みを併存させることはあり得る。しかし、いつまでも併存するわけにはいかないので、譲受側の社内規程をいつから完全に適用するのかが課題となってくる。譲渡側の従来の枠組みを踏まえた運用がやむ

を得ないならば、譲受側は自社の従来からの規程に、運用基準を新たに付加する必要が生じる。

　なお、社内諸規程のうち印章管理規程ないし電子署名管理規程は早急に整備した方がよい。統合を機に電子署名システムを導入するには、実際の業務や契約書の種類や業務フローを精査して、性急すぎずに導入ステップを踏むべきである。例えば、譲渡側において稟議回付や印章押捺の業務に従来の紙媒体の起案書式を使っていた場合、決裁者・承認者が電子化を受け入れることができないと、決済業務フローが混乱してしまいかねない。

(2)　資産管理・不動産関連

　譲渡側が所有する不動産についてありがちなのは、金融機関からの借入に伴って不動産に担保権が設定されているケースである。担保権をそのまま設定し続けるのか、M&Aを機に抹消するのか、もしも抹消するのであれば、M&Aの前後で抹消につき合意して、M&Aの最終契約に明記する。PMIにおいては、譲受側の総務・法務、あるいは財務の担当者が中心となって、所有名義の変更や担保権設定の解除などを進め、必要に応じて司法書士に委託する。

　それでもPMIの段階に至ってから、不動産の所有や管理などの実態で、それまでは表面化していなかった問題点が判明する場合がある。実態を正確に把握しようとしても、譲渡側の社長や幹部に尋ねても説明が釈然せず、記憶や憶測による発言では鵜呑みにできないかもしれない。そうなると、解決方法について弁護士に助言を求めたり、行政手続きを司法書士に委ねたりすることになる。それでも、専門家に丸投げせず、実態把握は総務・法務担当者が中心となって十分に行って、社内で認識を共有してから、委ねて進めるのが肝要である。

⑶　訴訟・紛争対応

　訴訟や紛争は、取引先との契約や取引内容から生じるものと、取引に直接関係のない消費者、近隣住民、従業員、株主、知的財産の権利者などとの間に生じるものがある。譲渡側がこれらの訴訟や紛争を抱えていた場合、承継され、統合後に解決を目指すことになる。

　PMI の集中実施期には、訴訟対応は法務担当者固有の業務項目の1つとなる。また、PMI の事務局は、訴訟以外も含めて案件ごとに、社内各部門の関与者を明示にしたうえで、紛争の進捗状況を監視しなければならない。必要に応じて弁護士らの支援を仰ぐことになるにせよ、これも専門家任せにするだけでは好ましくない。譲受側の法務担当者や各事業部門は事実関係を把握し、弁護士らとよく連携し、解決を目指して、紛争の推移を逐次確認するべきである。

Ⅲ──人事・労務の統合

【1】 人事・労務の統合の意義

　譲受側と譲渡側の間では人事制度が異なっていて当然である。中小 PMI ガイドラインではこれを統合する意義は次の 4 つが挙げられている。

　すなわち、人事・労務関係の法令遵守を徹底すること、譲受側・譲渡側の双方の従業員等が納得できること、個別の労働契約の不備を是正すること、譲受側と譲渡側間での組織や人事配置の見直し、人材配置の最適化を行うことである。

　M&A は、譲受側の経営戦略を実行するためのものなので、人事・労務の統合も譲受側の経営戦略を実行できるものでなくてはならない。例えば、高品質の製品を製造している企業が販売力を強化するという戦略のもとに販売会社を買収する場合に、販売機能を強化できる人事・労務制度を構築する必要がある。例えば、製造会社ではあまり用いられない歩合給の導入などが考えられる。

　また、M&A を行う目的の上位に人材の獲得がある（**図表 5-Ⅲ-1**）。人材の獲得を目的とする場合にも、製造部門の作業者の量的不足を補う場合もあれば、IT 技術者のような特定な分野の人材を確保するなどの場合もある。例えば、IT 技術者を確保するためには、裁量労働制や成果給制度を導入することも選択肢である。

　また、譲受側と譲渡側の従業員が、統合後に同じ組織に所属し、同様の業務を行う場合に昇進や給与水準が異なれば不満が発生するおそれがある。譲受側と譲渡側の給与水準に差がある場合、統一の賃金制度や給与体系を導入しようとすると、賃金・給与の上がる従業員と下がる従業員がで

図表5-Ⅲ-1▒人材獲得はM&Aの目的の3番目

(%)

凡例：■2009年以前（n=124）■2010～2014年（n=143）■2015年以降（n=207）◇全体（n=488）

縦軸目盛り：70, 60, 50, 40, 30, 20, 10, 0

横軸項目：売上・市場シェア拡大、事業エリアの拡大、人材の獲得、経営不振企業の救済、新事業展開・異業種への参入、後継者不在企業の救済、技術・ノウハウの獲得、設備・土地等の獲得、コスト低減・合理化、ブランドの獲得、サプライチェーンの維持、その他

出所：中小企業庁「中小PMIガイドライン」（2022年）を筆者一部加筆

てくることになるが、賃金・給与を下げることは不利益変更と扱われるため、労働法上の制約がある。労働法に反しないとしても、賃金・給与を下げると従業員のモチベーションは下がるケースが多い。逆に賃金・給与の上がる従業員がいると、人件費や労務費が上がることになる。

　以上のことから、人事・労務を統合する際には、次の4点を考慮しなければいけない。

　第1に譲受側のM&Aの目的や経営戦略の実行に寄与するものであること、第2に従業員のモチベーションを維持するものであること、第3に人件費を適正化するものであること、最後に労働関連法規に対する違反や不備を是正することである。

【2】人事・労務制度の統合の注意点

⑴　多様な人事制度

　賃金・給与の制度は譲受側と譲渡側において異なる場合が多い。年功的給与体系をとっている会社もあれば、成果主義の給与体系をとっている会社もある。また、月例給与と賞与の配分の方法も会社によって異なるだろ

う。等級制度と呼ばれるものにも職能制度と職務制度や役割制度などの違いがある。小規模事業者の中には、人事制度や賃金制度そのものが無い会社も多い。

　ここで重要なのは、異なる人事・労務制度を併存させるか、統合させるかという問題である。1つの会社になるのだから人事・労務制度が異なるのは好ましくない。しかし、製造会社が販売会社を買収した場合に、製造会社は職能給制度を採用しており、販売会社は歩合給を採用している場合がある。必ずしもこの2つを統一する必要はなく、2つの異なる賃金制度を1つの人事・労務制度の中に包含する形をとれば良い。

(2)　M&A 形態と労働契約の承継

　M&A 形態によって、譲渡側の従業員との間の労働契約を引き継ぐ方法が異なる。

　株式譲渡であれば、譲渡側の従業員の労働契約に変更はない。いったん株式譲渡を行い、譲受側の子会社になった後で、譲受側に吸収合併される場合も同様である。したがって、統合後には譲受側と譲渡側の労働条件が併存する形になるため、PMI を通じて統合することになる。

　事業譲渡では、労働契約はそのまま引き継がれることはないため、従業員の個別同意が必要となる。譲受側の従業員の労働契約はいったん解除され、譲渡側において従業員との新たな労働契約を締結することになる。譲受側の賃金・給与水準のほうが低い場合に譲渡側従業員の賃金を安い方に合わせようとすると雇用契約は簡単に合意されないかもしれない。従業員の多くが同意せず、譲受側に移らないような事態が発生すると、統合後の事業が成り立たなくなるおそれがある。

(3)　労働法上の不利益変更

　人事・労務の統合について考える際には、労働法上の制約を考えておく

必要がある。特に、PMIにおける不利益変更については注意を要する。

　不利益変更とは、就業規則を変更することにより、労働者の不利益になるように労働条件を変更することである。これを行うには、原則として、労働者の同意が必要である。PMIにおいて両社の人事・労務制度を統合しようとすれば、賃金・給与水準が下がる従業員がでてきてしまう場合があるため、注意が必要である。

　しかし、不利益変更は必ず認められないというわけではなく、不利益の程度が一定程度であれば認められる場合もある。また、労働者の同意があれば不利益であっても認められる。統合後の事業における合理的な制度設計を行い、それを譲渡側の従業員に丁寧に説明することが重要である。

【3】譲渡側の法令違反

　譲渡側の人事・労務の制度や運用に法令違反があり、譲受側に引き継がれる場合には、早急に是正することが必要となる。

　例えば、株式譲渡の場合には、未払い残業代などの支払い義務も承継されることになるため、その存在が判明した場合には、対応を検討する必要がある。M&Aの譲渡価格に反映されていない場合には、事後的に補償するケースもあるが、それよりもまず、違法状態を解消する必要がある。

　未払い残業代以外にも労使協定、社会保険や労働保険など法令が遵守されているかどうかを確認し、違反があれば是正する必要がある。

　人事・労務制度の統合は、時間をかけて行うことが多いが、法令違反に関しては一刻も早く解消する必要がある。一般的に人事・労務デューデリジェンスを行うケースが少ないため、PMIを通じて譲渡側の調査を行った結果として法令遵守が見つかるケースが多い。

図表5-Ⅲ-2 ▇譲渡側において発見されやすい労働関連の不備

不備の区分	不備の事例	関連する主要法令
労使協定等に関する不備	労働条件通知書の未交付	労働基準法
	適正な労使協定の締結や届出がされていない	
	労働時間の実態が労使協定と異なる	
社会保険や労働保険に関する不備	社会保険や労働保険への未加入	健康保険法、厚生年金保険法
	被保険者資格取得届の未提出	労働者災害補償保険法、雇用保険法
労働組合との事前協議等に関する不備	労働協約で必要とされている事前協議を実施していない	労働組合法
職場環境等に関する不備	安全衛生管理体制の未整備	労働安全衛生法
	労働災害、各種ハラスメント、労働紛争等	

出所：中小企業庁「中小PMIガイドライン」（2022年）を筆者再編加工

【4】人事・労務の統合

⑴　人事・労務の全体像

　人事・労務は、統合後の経営戦略の実行に寄与するように統合させる必要がある。経営戦略にもとづいて必要となる組織とその人材像を描き、この人材像を育てるための人事・労務制度が必要である。

　人事・労務制度としては等級制度、賃金制度、評価制度、教育制度などがあり、規則化したものとして就業規則がある（**図表5-Ⅲ-3**）。

　また、統合後の組織を設計して、その組織へ適切な人材を譲渡側からも選抜する必要がある。適材適所の人材配置を行うために、譲渡側と譲受側の人事・組織が統合されなければならない。

⑵　経営統合を成功させる適材適所

　譲受側と譲渡側が統合された新たな組織を構築するためには譲渡側の人材も候補としたうえで、適材を適所に配置しなければいけない。

　統合した組織に適材を配置していくためには、まずその組織にはどのような人材が必要なのかを明確にする必要がある。次に譲受側と譲渡側双方

図表5-Ⅲ-3 ■人事・労務の全体像

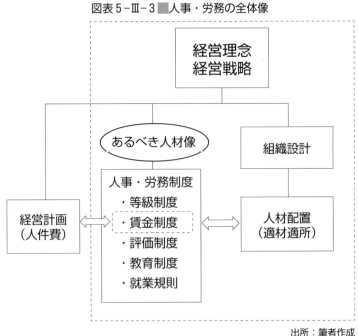

出所：筆者作成

にどのような従業員がいるのか、必要な人材が足りているのかを把握して、必要に応じて再配置をしていく。そのためには人材マップを作成するとよい。各従業員がどのような経験やスキル、適性を持っているかが分かるものである（**図表5-Ⅲ-4**）。

　例えば、製造会社が販売強化のために販売会社を買収したが、それでも販売員が不足しているような場合に製造会社から販売に適した従業員を異動させることになる。人材マップはそのような場合に役立つのである。

　譲受側の方が優位にあるからといって、重要なポストを譲受側の従業員が独占するべきではない。そのような対応では譲渡側の従業員のモチベーションが低下するからであり、譲渡側の従業員への心理的な配慮が必要である。また、人材を補強するのは社内の異動だけではなく、必要な人材を外部から採用したり、社内で教育し育成したりすることも必要である。そ

図表 5 -Ⅲ- 4 ▨人材マップの例

部門	役職	出身	氏名	年齢	経歴		資格	可能性のある	適性
					前社	当社		職場	
営業部	課長	譲受	A	40					
	係長	譲渡	B	44	経理		簿記 2 級	経理部	
		譲受	C	28		総務			
		譲受	D	25					
製造部	課長	譲渡	E	38		技術部	技術士		
	係長	譲受	F	34					
		譲渡	G	46	販売会社	営業部	販売士	営業部	
		譲受	H	30			技能士		

出所：筆者作成

のための採用制度や教育制度も必要になる。

　適材適所の人材配置を行うためには、公正な人材評価も必要である。人事評価制度を整備とともに、公正な運用が重要である。譲受側に有利な運用を行ってはならない。

(3)　キーパーソンの確保と退職防止

　人材の承継については、キーパーソンを辞めさせないこと（リテンション）が重要である。一般的に、M&A が実行されたとき、譲渡側からは退職する従業員が出てくることが多い。

　技術者などの専門人材や、とりまとめ的な人望を持つ管理職は承継させなければならず、退職の防止を図ることが重要な課題となる。キーパーソンと個別面談を実施し、M&A の目的や統合後の新体制下での役割や処遇を説明すると効果的である。

　退職を防止すべき人材は、キーパーソンだけとは限らない。人口減少社会の中で人手不足が続く可能性が高く、人材の質的確保だけでなく量的な確保を目的とする M&A の場合には退職者がでることで目的を達せられ

なくなる。

　また、合理化を目的としてM&Aを行う場合に販売拠点の統廃合や管理機能の統合などによって、余剰人員が発生することがあることも意識しておくべきである。このような場合、他部門への異動やそのための社内教育を行う必要があるし、それでも対応できない場合には早期退職制度を導入することも選択肢になってくる。

⑷　人事・労務制度の統合パターン

　PMIにおいて人事・労務制度を統合する場合、いくつかの方法がある。

　1つは、譲受側の制度に統一する方法である。事業譲渡であれば、譲渡側の従業員は、譲受側へ転職することになるため、譲受側の人事・労務制度に従わざるを得ない。この方法において、待遇が悪くなる場合に問題が起きやすい。譲受側が、買収したのだから当然であるというような姿勢で臨むと、信頼関係を築くことができず、退職につながりかねないので要注意だ。

　もう1つは、新しい人事・労務制度を設計する方法である。統合を見据えて適切な制度を構築できる可能性もあるが、相当な時間と労力を要する。

　そこで、中間的なものとして、双方の制度を比較し、選択して設計する方法もあるだろう。いいところ取りの中途半端な制度にならないよう気をつける必要がある。

　譲渡側が小規模事業者であれば、人事・労務制度を設けていない企業が多い。その場合には、譲受側の制度を採用するしかない。

　そして、部分的には人事・労務制度を統合しない分野を残すという選択肢もある。製造部門と販売部門では、賃金給与体系や休日などは異なっていてもよい。これはあくまでも職種による違いであり、出身母体による違いではない。いずれにせよ、出身が譲受側なのか譲渡側なのかによって適用される人事・労務制度が異なるという状態は望ましくないので、早期に

統合を図るべきである。

⑸　統合難易度の高い等級制度と賃金制度

　人事・労務制度には、等級制度、賃金制度、教育制度、評価制度などがある。この中で統合することが技術的に難しいのが、等級制度と賃金制度である。

　例えば、譲受側が職能制度、譲渡側が職務制度を採用していた場合、統合後に同じ職場で働く従業員に対して2つの制度を併存させることは好ましくない。職能制度、職務制度のいずれかに統合を図るべきだが難しさがある。

　また、同じ職能制度を採用していても、等級の分け方や賃金給与の設定が異なる場合、これらを統合させようとしても、現実的にはは難しい作業になる。

　例えば、**図表5−Ⅲ−5**のように、譲受側では3つの職能等級に分かれている一方、譲渡側では5つの等級に分かれているようなケースである。譲受側の等級に統合する場合、譲渡側の等級にどのように当てはめればよいかと悩むところである。

　また、賃金給与も、基本給、職能給、役職手当等に分かれていて配分が異なる場合には、調整も難しい。賃金給与といっても月例給与だけでなく賞与や退職金も考える必要があるし、家賃補助のような福利厚生費も対象に考える必要がある。

　単純に譲受側に統合すると、人件費の増加につながったり、降格のイメージになったりする。不利益変更にならずとも、譲渡側の従業員のモチベーションを維持しながら人事・労務制度を統合することは、非常に難易度の高い作業である、時間をかけて丁寧に制度設計し、納得を得る努力が欠かせない。

　また、同一労働同一賃金の考え方も意識する方がよい。同一労働同一賃

図表5-Ⅲ-5■等級制度統合の例と賃金構成の違い

等級制度の統合
機械的に等級あてはめすると給与増になる

賃金構成の違い
月例給与は同レベルでも総額では差がある
賞与や福利厚生をあわせると総額増になる

譲受側		譲渡側	
等級	月例給与	等級	月例給与
		5	25万円
3	30万円	4	23万円
2	25万円	3	21万円
		2	19万円
1	20万円	1	18万円

譲受側
- 福利厚生
- 退職金
- 賞与
- 役職手当
- 職能給
- 基本給

譲渡側
- 退職金
- 賞与
- 役職手当
- 職能給
- 基本給

出所：筆者作成

　金は、正規労働者と非正規労働者の賃金格差を是正するものであるが、譲渡側の従業員に対する関係でも、この考え方をもって臨むほうがよい。同じ職場で同じ業務をして、能力・成果が同じであれば、同じ賃金・給与とするのである。

(6)　統合効果のための評価制度と公平な運用

　人事評価は、人事・労務制度の統合の中でも重要な要素である。譲受側との信頼関係を構築していくには、公平な人事評価制度が必要だからである。

　人事評価にもいくつかの手法があるが、主要なものとして業績評価と能力評価がある。業績評価とは、事業計画での目標に対する達成度合いを評価するものである。

　統合後に新たな手法を導入する場合、シナジー効果への寄与を評価に組み込んでおきたい。例えば、統合後の営業活動で担当者別の売上を評価する際に、クロスセルで相手側商品を売った場合の目標管理を行うようなことである。

　これに対して、能力評価はあるべき人材像にもとづき行う評価なので、あるべき人材像の設定と公平な評価が重要である。

⑺　労働条件と就業規則

　人事・労務制度の統合には、労働条件の統合も重要である。就業規則は、労働条件について明文化した規則であり、労働時間、賃金、退職、安全衛生、採用、服務規律、休暇など多岐にわたる。

　その中で重要なのが労働時間である。譲渡側と譲受側において年間総労働時間が異なる場合はあるし、休日数と１日当たりの労働時間が異なる場合もある。また、フレックスタイム制や変形労働時間制、みなし労働時間制などの制度を採用している場合もある。

　同じ職場で働くのに、休日や労働時間が異なっていては仕事がやりにくい。総労働時間が異なる場合に長い方に統一すると、労働時間が長くなったと不満を感ずる従業員がでてくる。短い方に合わせて時間給を据え置くと賃金が下がることになる。いずれにせよ難しい問題である。

　一方、異なる職務であれば異なる人事・労務制度を採用する場合もあるだろう。製造会社が販売会社を買収したところ、販売会社ではみなし労働時間制を採用していたという場合に、これを無理に廃止して製造会社の労働時間管理に統一する必要はない。

　統合後に目指すべき人事・労務制度には、経営戦略と整合していること、公平性が保たれていること、不利益の程度を抑制すること、時間をかけて丁寧に説明することが求められる。

【5】従業員説明の重要性

　PMIを通じて、統合後の人事・労務制度を譲渡側の従業員へ説明することが必要である。従業員にとって処遇や賃金給与水準が維持されるかが

図表5-Ⅲ-6 ■経営統合に際して起こりやすい不利益変更例

賃金の減額	賃金制度統合に伴い、賃金が下がる
休日数の減	年間の所定休日を少ない方に統合する
労働時間を長時間化	両社の年間総労働時間が異なる場合に長い方に統合する
有給休暇数の減	譲渡側は法定を超える日数を付与していたが、譲受側は法定とおりの日数を付与している場合に、譲受側制度に統一する
手当の減	制度統合に伴い、住宅手当が減額となる
	制度統合に伴い、出張旅費規程が変更になり、出張旅費が減額となる

出所：筆者作成

大きな関心事だからである。

　M&A を行っても不利益変更はしないと確約することはできない。賃金給与制度の統合によって賃金給与が下がる場合もあるからだ。

　賃金給与以外でも、販売拠点の統廃合や管理部門の合理化によって他部門へ異動することや、休日が減ってしまう場合もある。早期退職制度を導入する場合もあり得る。譲渡側の従業員から不満を持たれることもあるが、譲受側が前向きで丁寧なメッセージを出すことが重要である。

　不利益変更を行う場合には、従業員に理解してもらうことは極めて難しい。不利益変更が必要な理由を説明すること、緩和措置があるならそれを適用すること、不利益変更だけでなく有利な変更がある場合はあわせて説明することなどに取り組むべきである。従業員説明会を開催し、丁寧な説明を行うことが必要である。

【6】人件費の計画

　譲渡側の賃金給与は、統合後の人件費となり、計画に反映される。ここ

で譲渡側の従業員の賃金給与を譲受側に合わせて改善する場合には、賃金
給与水準の上昇がコスト増加につながる。

　PMI を通じて新たな人事・労務制度を導入する場合には、M&A 初期段
階で試算した人件費の計算をやり直すことになるが、その結果、人件費が
増加する場合がでてくる。その場合には売上シナジーやコストシナジーに
よる利益改善で人件費増を吸収するような計画を策定するようにしたい。
いずれにせよ、PMI を通じて人件費の変化を反映させて経営計画を見直
す必要があるか確認することが不可欠である。

Ⅳ──経理・財務の統合

【1】 経理・財務の統合の意義

　経理・財務の統合は、迅速、正確かつ効率的に進める必要がある。

　中小 PMI ガイドラインによれば、譲渡側の会計・財務関係の処理方法や業務における課題やリスクに対応するとともに、会計・財務の適切な管理体制を作るとされている。これを実現するためには、4つの取り組みがある。

　すなわち、①不適切な会計処理や税務処理を是正すること、②経理規定・財務に関する規程を整備すること、③譲受側が譲渡側の会計・財務を管理できる仕組みを整備すること、④グループファイナンスを導入し、資金調達の最適化を図ることである。

【1】 経理・財務の統合の注意点

　経理・財務を統合するための取り組みを行う際は、少なくとも次の事項については、早急に譲受側と統一させなければならない。

(1)　決算期の統一

　決算期が必ずしも同一である必要はないが、できるかぎり譲受側の決算期に統合することが望ましい。決算期は、企業全体の業績評価や経営管理に重要な影響を与える。そのため、同じ決算期で経理を行うことが望ましい。

⑵　会計方針、勘定科目の統一

　会社の経営成績を社内外に適切に報告するために、会計方針と勘定科目を統一する必要がある。会計方針が異なるままでは、会社の業績を適切に評価できない場合もあるため、収益の認識基準、費用の計上基準だけでなく、資産の評価基準は早急に統一を検討する必要がある。

　会計方針の統一化にあたって、譲受側に大きな影響を与える事項として、次のようなものが考えられる。

図表 5 -Ⅳ- 1 ▊会計方針の統一項目（例）

項目	統合内容（例）	一般的な影響、対応
収益の認識基準	進行基準の導入の検討 出荷基準から着荷基準への変更	売上計上タイミングが早くなる 売上計上タイミングが遅くなる
在庫評価	製造原価の集計範囲の変更 最終仕入原価法⇒移動平均法（月次）	原価計算に必要な情報の収集 在庫の受払い情報の管理
原価計算	製造間接費の配賦、配賦基準の見直し	配賦に必要な情報の収集
債権の評価	滞留期間に基づく貸倒引当金の計上基準	売掛金の滞留期間表の作成
勘定科目の統一	勘定科目の細分化 原価と販管費の区分の見直し	計上ルールの明確化 事業計画、予実管理への反映

　また、会計方針の統合によって譲渡側の過去の会計処理の修正が必要となる場合、あるいは、財務デューデリジェンスを通じて譲渡側の会計処理の誤りが発見された場合には、決算書への影響を考慮したうえで、会計処理の要否を検討する必要がある。

　例えば、中小企業の会計記録では、棚卸資産残高の不明差異、売掛金等

の債権残高の不明差異、回収不能債権の評価、投資の評価、有形固定資産の減損、退職給付引当金等の計上不足が検出されるケースは多い。

　検討した結果、過去の会計処理の修正が必要になった場合には、統合前の最終年度または遅くとも統合後に初めて到来する決算において修正することが望ましい。

　会計方針の統合にあたっては、経理以外の会社ルールの変更が原因となる場合もある。例えば、退職給付制度の導入に伴って、退職給付引当金の追加計上が必要になるケースである。

　譲渡側の会計方針、勘定科目を統一する場合には、迅速に行うことが重要である。例えば、製造業において製品原価を計算していなかった会社が、総合原価計算を導入しようとする場合、製品ごとの生産実績の集計を始めなければならない。また、棚卸資産の評価に最終仕入原価法を用いていた会社が、移動平均法に変更しようとする場合には、在庫の受払記録や入庫ごとの単価の記録を開始する必要がある。

(3)　決算手続きの統一

　決算手続き、すなわち決算財務報告プロセスとは、主に経理・財務部門内での決算書作成のための情報収集、合計残高試算表の作成、決算書、税務申告書作成のための一連のプロセスである。企業の活動を収集、整理し、決算を取りまとめ、そのデータを経営管理、資金管理等に活用していくことになる。

　経理・財務の統合において決算手続きを統一させるには、譲渡側の決算手続き、すなわち決算書作成までのデータの流れを整理しなければならない。これにあたっては、関連書類、担当部署、スケジュールを明確化する。

(4)　管理会計情報の統一

　経理・財務の統合には、管理会計に係る情報の統合も求められる。中小

企業においては経営企画部門を設けているケースは少なく、経理・財務部門の機能の1つとなっているケースが多い。

　管理会計を統一するためには、譲渡側の経営管理手法を整理する必要がある。新たに導入する場合、月次ベースで報告を行うなどタイミングを決めることになるが、統合後に担当者を設ける必要があるかもしれない。

　ここで報告される業績評価指標（KPI：Key Performance Indicator）は、譲受側で使われているものと同一であることが望ましい。もちろん、製造部、販売部など部署が異なれば設定されるKPIは異なる。譲渡側の各部門の理解と合意のもとで、業績目標と連動するものとして設定しなければならない。

⑸　会計システムの統合

　経理・財務において、譲渡側と譲受側が異なる会計システムであることも多い。そのような場合、別々の会計システムを使い続けると出力帳票が異なることや、データ連携できない等の不便が発生する。それゆえ、通常は、譲受側の会計システムに統合されることになる。

　また、統合の結果として、ERPを新たに導入するケースもある。導入の負荷が大きいERPの導入をPMIと並行して行う場合には混乱を招くおそれがあるため、慎重に検討しなければならない。

⑹　資金管理の統合

　財務面では、統合に伴って資金繰りも統合し、譲受側が行うことになる。統合によって融資条件を改善できることもあるため、借入金の繰り上げ返済を行うケースも多い。

⑺　連結決算手続き

　譲受側が上場企業の場合、連結財務諸表を作成している。その場合、上

場企業の会計方針に従うことが強制されるため、譲渡側の会計方針を原則として変更することになる。譲渡側の経理担当社向けの説明会を開催したり、グループ会計処理マニュアルを提供するなどして、譲渡側の経理担当者に上場企業の経理を十分に習得させる必要がある。また、連結情報の収集に用いる連結パッケージや、連結会計ソフトの導入も必要になるだろう。

　経理・財務の統合を行わないと様々な問題が生じる。例えば社長が自ら現金預金を管理していた譲渡側の経理部門が、統合に伴って譲受側の経理部門に統合されることがある。これを放置すると、現金の管理責任が不明確になり、現金の横領が発生するリスクが生じる。

　また、譲渡側の経理能力を十分に把握せずに、一方的に譲受側の会計方針と勘定科目への統一を強制したところ、譲渡側の経理担当者に会計基準を理解する能力が乏しく、決算時に会計基準の適用誤りが発生してしまうようなケースがある。

Ｖ──ITシステムの統合

【1】ITシステム統合の意義

　ITシステムとは、企業の情報を収集、蓄積、管理、活用するシステムである。企業内の業務が効果的かつ効率的に遂行できるように支援するものであるため、ITシステムの統合の影響が、組織全体に及ぶ。

　また、記録された情報は企業にとって重要な無形資産であり、厳格な管理が必要となる。中小PMIガイドラインによれば、譲渡側のITシステム環境における課題やリスクに適切に対応するとともに、費用対効果のある適切なITシステムを整備するものとされている。ITシステムの統合に係る取り組みのゴールには、ITシステム環境におけるリスク・課題を把握し、譲渡側のITシステムを是正すること、導入コストを考慮して、譲渡側の業務効率を向上させることがある。

　このようなゴールを達成するため、下記の事項が統合の重点事項になる。

【2】ITシステム統合の手順

　このようなITシステム統合のゴールを達成するため、例えば、下記のような手順を踏むことで、ITシステムのPMIを効果的に実施できる。

⑴　統合対象システムの現状把握（ITデューデリジェンス）

　譲受側のITシステム担当者は、譲渡側へのヒアリングと関連文書の閲覧を行い現状を把握する。統合対象の現状把握を行うことは、統合後のゴールとのギャップを明確にし、実行可能なゴールを設定することを可能にす

る。下記のような事項について、ITデューデリジェンスの計画策定、調査の実行、調査結果の評価、報告の手続きを経ることになる。

IT関係の規程、システム構成図、ネットワーク図、固定資産台帳IT環境概要書等のデータおよび文書の収集、IT人材・ITチーム体制、ハードウエア、ネットワーク、クラウド、データセンター等のITインフラの評価、ソフトウエアの評価、データ管理評価、セキュリティ評価、IT運用評価、コスト評価などが主な評価項目となる。

これらに加えて、現在進行中のプロジェクトがあれば、進捗状況、完了見込みをタイムライン、リソースの観点から評価する。また、法務デューデリジェンスの対象分野とも重なるところがあるが、IT関連規制へのコンプライアンス、契約の順守、プライバシーデータ等のITコンプライアンスの評価は重要な項目となっている。特に、個人情報保護、情報漏洩、ソフトウエアライセンスの管理等の状況は適切に評価が求められる。

(2)　統合計画の策定

ITシステムの統合計画の策定では、統合対象システムの決定、システム構築や運用の計画を早期に策定し、ゴールを明確にする。

統合後のシステム構築や運用の計画は、できるだけ早期に策定する必要がある。可能であれば、M&Aと並行して行われることが望ましい。管理機能の統合全体の基礎をなす統合であること、時間を要する場合、リソースの確保が必要な場合もあるからである。

計画の策定にあたっては、IT統合のシナジーを意識する。そのため、共通化できる部分は共通化し、それぞれで両社のシステムを補完し合える部分は補完する。

人材活用も意識する。IT化の進捗により、IT人材はどこも不足しがちで貴重である。ITシステム統合のプロジェクト段階から統合後の運用段階でも限られたIT人材を活用できるように意識する。

⑶　システム統合の実行

　ITシステム統合の実行に段階は、統合後のITシステムによって異なってくる部分もあるが、概ね設計、テスト、移行の手順で行われる。

⑷　統合後の運用

　システム部門によるシステム統合の実行と並行して、ユーザー部門への導入も進める。従業員向けの説明会を開催し、十分なコミュニケーションを行うことで、IT統合時のアレルギーや混乱を低減できる。また、十分な理解によるシステムの利用は、モチベーションの向上や人材活用につながる。そのため、従業員向けの説明会では、IT統合の目的や意義を明確にするとともに、メリットを具体的に説明する。従業員の意見や要望を積極的に聞き回答していくことが望まれる。

　また、IT統合による業務への影響を考慮し、適切なリスク管理を行う。システム統合には、システム障害やデータの不整合や損失、セキュリティの脆弱化、業務の混乱による工数の増加などのリスクが伴う。リスクを事前に洗い出し、対策を講じることで、ITシステム統合のゴールに近づく。

⑸　運用状況のモニタリング

　ITシステム統合後の運用状況をモニタリングし、当初計画との比較により統合の効果を検証することで、ITシステムの目的が達成されているかどうか評価する。また、計画時との乖離や新たな課題が発生している場合には、統合の内容を修正・改善していく。

【3】ITシステムの統合の注意点

　ITシステムの統一を行うための取り組みを行う際には、次の事項を考慮しなければならない。

⑴　IT システムの統合範囲

　譲渡側の IT システムは、最終的にはすべて譲受側に統合されることに
なるが、一度に統合を進めることが適切だというわけではない。

　譲渡側に譲渡側の IT システムを導入することによって、譲受側による
経営管理の精度向上が期待できる。例えば、販売、生産、人事、経理・財
務の管理に譲受側の IT システムが使用されれば、譲受側の PMI を迅速
に進めることが可能となるだろう。

　このようなメリットがある一方で、IT システムの統合にはデメリット
もある。1つは、統合時のコストである。統合のためにデータ移行が必要
となるが、その際の人件費が発生する。また、データ移行時のトラブルが
発生するリスクもある。また、譲渡側の担当者が新しい IT システムの操
作方法を習得するまで時間がかかる。広い範囲の IT システムを PMI の
際に統合しようとすれば、トラブルが発生するリスクも高まることになる。

⑵　合理的な情報セキュリティの構築

　IT システムの統合が進めば、譲渡側と譲受側におけるデータ連携の範
囲が広くなり、譲受側の要求水準に見合う高いセキュリティが求められる
ことになる。譲渡側の情報セキュリティを確保するにあったっては、コス
トと効果のバランスを考慮することが求められる。中小企業では、厳格に
守るべき情報資産が適切に管理されていないことも多い。それゆえ、PMI
を通じて譲渡側の情報資産を整理し、管理レベルを設定するとともに、譲
受側の情報セキュリティポリシーの適用を開始することになる。

　中小企業の情報セキュリティの構築にあたっては、独立行政法人情報処
理推進機構（IPA）の「情報セキュリティ5か条」や「新5分でできる！
情報セキュリティ自社診断」が参考になる。

図表5-Ⅴ-1■情報セキュリティ基本方針（例）

　株式会社○○○○（以下、当社）は、お客様からお預かりした／当社の／情報資産を事故・災害・犯罪などの脅威から守り、お客様ならびに社会の信頼に応えるべく、以下の方針に基づき全社で情報セキュリティに取り組みます。

　1．経営者の責任

　　　当社は、経営者主導で組織的かつ継続的に情報セキュリティの改善・向上に努めます。

　2．社内体制の整備

　　　当社は、情報セキュリティの維持及び改善のために組織を設置し、情報セキュリティ対策を社内の正式な規則として定めます。

　3．従業員の取り組み

　　　当社の従業員は、情報セキュリティのために必要とされる知識、技術を習得し、情報セキュリティへの取り組みを確かなものにします。

　4．法令及び契約上の要求事項の遵守

　　　当社は、情報セキュリティに関わる法令、規制、規範、契約上の義務を遵守するとともに、お客様の期待に応えます。

　5．違反及び事故への対応

　　　当社は、情報セキュリティに関わる法令違反、契約違反及び事故が発生した場合には適切に対処し、再発防止に努めます。

制定日：20○○年○月○日

株式会社○○○○

代表取締役社長　○○○○

出所：独立行政法人　情報処理推進機構（IPA）

⑶　ホームページ、メールアドレス

　ホームページ、メールアドレスのドメインは社名と関連することがほとんどでその場合、社名変更にともなって、ドメインの変更を行うことになる。

　ドメインが既に取得されている場合にはそのドメインを使うことができなくなるため、社名確定時には希望のドメインの早急な確保が必要となる。

　また、ドメインを変更すると、すべてのホームページのアドレスがすべ

て変わってしまうため、多くの変更作業が必要になるため、十分な準備と移管が手続きが必要となる。さらに、それまでのSEO効果が無効になってしまう。特にホームページのSEOが重要な会社においては、多くのSEO対策済みのホームページを失うことは売上の減少等にも直接つながる。そのため、影響を最小限にとどめるような対応が必要となる。

⑷　BCP（事業継続計画）

　BCPを双方ともに策定されている場合、また、一方のみが策定されている場合には、BCPの見直し、統合が必要になる。特に、優先して継続・復旧すべき中核事業をどれと特定するかは、非常に重要になる。中核事業の目標復旧時間の設定等のその後のアクションに影響を与えるためである。

【失敗例・成功例】

　顧客マスターの統合にあたって、譲渡会社がシステム外で管理している小規模得意先（諸口で管理）について、重要性がなくシステムの改修項目が増えることから、顧客マスターの統合の対象外とした。当該事業が継続するため、月次の決算にあたって、別途会計システム合算する処理が継続的に発生し煩雑となっている。

　同業他社がERPを導入したことを聞いて、統合にあたりERPを導入することにしたが、顧客との関係で特殊な仕様や、納期や仕様変更が多く、多くのアドオン開発が必要となり、余計な業務が増えてしまった。

　譲渡側、譲受側の顧客マスター、仕入先マスターを統合することで、統合後の会社ベースでの得意先に対する与信残高を把握できるようなり、与信リスクに応じた適切な取引水準が管理できるようになった。

図表5-V-2　BCP　目次（例）

— 目 次 —

出所：中小企業庁「事業継続計画」目次

図表5-V-3■情報セキュリティ5か条

情報セキュリティ ⑤ か条

当社は SECURITY ACTION を宣言しています
この5か条に全員で取組みましょう

1 OSやソフトウェアは常に最新の状態にしよう!

OSやソフトウェアのセキュリティ上の問題点を放置していると、それを悪用したウイルスに感染してしまう危険性があります。使用しているOSやソフトウェアに修正プログラムを適用する、もしくは最新版を利用しましょう。

2 ウイルス対策ソフトを導入しよう!

ID・パスワードを盗んだり、遠隔操作を行ったり、ファイルを勝手に暗号化するウイルスが増えています。ウイルス対策ソフトを導入し、ウイルス定義ファイル(パターンファイル)は常に最新の状態になるようにしましょう。

3 パスワードを強化しよう!

パスワードが推測や解析されたり、ウェブサービスから窃取したID・パスワードが流用されることで、不正にログインされる被害が増えています。パスワードは「長く」「複雑に」「使い回さない」ようにして強化しましょう。

4 共有設定を見直そう!

データ保管などのクラウドサービスやネットワーク接続の複合機の設定を間違ったため無関係な人に情報を覗き見られるトラブルが増えています。クラウドサービスや機器は必要な人にのみ共有されるよう設定しましょう。

5 脅威や攻撃の手口を知ろう!

取引先や関係者と偽ってウイルス付のメールを送ってきたり、正規のウェブサイトに似せた偽サイトを立ち上げてID・パスワードを盗もうとする巧妙な手口が増えています。脅威や攻撃の手口を知って対策をとりましょう。

❶ 重要なセキュリティ情報を毎日チェックしましょう!

情報処理推進機構(IPA) 重要なセキュリティ情報一覧
https://www.ipa.go.jp/security/announce/alert.html

出所：独立行政法人　情報処理推進機構（IPA）

図表5-V-4　新5分でできる！　情報セキュリティ自社診断

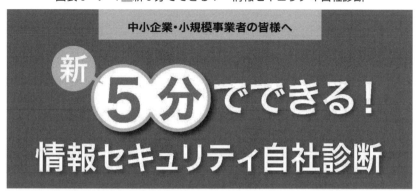

出所：独立行政法人　情報処理推進機構（IPA）

参考文献

【全般】
- ◆中小企業庁「中小 PMI ガイドライン」（2022年3月）
- ◆中小企業庁「中小 M&A ガイドライン第2版」（2023年9月）
- ◆中小企業庁「中小企業白書　2018年版」
- ◆中小企業庁「中小企業白書　2021年版」
- ◆中小企業庁「中小企業白書　2022年版」
- ◆中小企業庁「事業承継ガイドライン第3版」（2022年3月）
- ◆中小企業診断協会「中小企業の事業承継支援業務と知識体系」（2023年版）

【第1章】
- ◆(一社)全国信用金庫協会「信用金庫における地域密着型金融の取組状況等について」（2022年3月）
- ◆㈱帝国データバンク「特別企画：全国企業後継者不在率動向調査」（2022年11月）
- ◆㈱東京商工リサーチ「中小企業の財務基盤及び事業承継の動向に関する調査に係る委託事業報告書」（2021年3月）
- ◆日本商工会議所「事業承継と事業再編・統合の実態に関するアンケート」調査結果（2021年3月）
- ◆松中　学「企業再生の視点で考察する事業承継」（月刊「金融ジャーナル」2022年7月号）
- ◆山田尚武「中小 PMI 手続の実務」（季刊「事業再生と債権管理」2022年1月号）
- ◆今井丈雄「中小企業のポスト M&A をにらんだ DD」（同上）
- ◆金沢伸晃・皿谷将・松田育子「中小企業の事業承継・引継ぎの推進に向けて」（同上）
- ◆金子博人「中小製造業の M&A〜その手順とポイント」（月刊「プレス技術」2022年8月号）
- ◆東京青山・青木法律事務所、他「合併・買収後の統合実務」（中央経済社、2006年5月）
- ◆中小企業庁・経済産業省「具体例をマンガで解説！　中小 M&A ハンドブック」（2020年9月）
- ◆内閣府知的財産戦略本部「経営デザインシート作成テキスト」（2019年3月）

【第2章】

◆森口毅彦「わが国企業におけるM&Aの成否評価とPMIの実態～アンケートによる実態調査研究にもとづいて～」（2017年3月）

◆経済産業省「ローカルベンチマークガイドブック（企業編）」（2023年4月）

◆経済産業省「ローカルベンチマークガイドブック（支援機関編）」（2023年4月）

◆三菱UFJリサーチ＆コンサルティング「平成29年度　中小企業の事業再編・統合、企業間連携に関する調査に係る委託事業　調査報告書」（2018年3月）

◆㈱帝国データバンク「令和2年度産業経済研究委託事業（ローカルベンチマークを中心とした公的経営支援ツールのあり方や普及方法の検討）報告書」（2021年3月）

◆寺嶋直史・斎藤由紀夫「スモールM&Aのビジネスデューデリジェンス実務入門」（中央経済社、2022年4月）

◆田中大貴「トップコンサルタントが明かす　ポストM&A成功44の鉄則　決め手はセカンドPMI」（日経BP、2018年4月）

◆ウィリス・タワーズワトソン「M&Aシナジーを実現するPMI　事業統合を成功に導く人材マネジメントの実践」（東洋経済新報社、2021年4月）

◆竹林信幸「日本型PMIの方法論」（プレジデント社、2019年3月）

◆前田絵里・菊池庸介「企業買収後の統合プロセス　すらすら読めるPMI入門」（中央経済社、2014年12月）

◆アビームM&Aコンサルティング「ビジネスデューデリジェンスの実務」（中央経済社、2010年11月）

◆皿谷　将「M&Aを成功に導く中小企業のPMI実践マニュアル」（日本法令、2023年5月）

◆寺嶋直史、他「中小企業のM&Aを成功に導くスモールPMI実務入門」（中央経済社、2023年4月）

◆木俣貴光「PMIの実務プロセス」（中央経済グループパブリッシング、2023年3月）

◆事業承継支援コンサルティング研究会「専門家のための事業承継入門」（ロギカ書房、2023年2月）

◆坪井孝太「成功するM&Aの進め方」（ダイヤモンド社、2022年9月）

◆愛知県事業承継・引継ぎ支援センター「廃業を決断する前に」（中部経済新聞社、2022年8月）

◆人見　健「M&A失敗の本質」（ダイヤモンド社、2021年3月）

◆森　時彦、他「図解　組織を変えるファシリテーターの道具箱」（ダイヤモンド社、2020年10月）

◆三宅　卓「M&Aを成功に導くPMI」（プレジデント社、2015年6月）

◆松江英夫「ポスト M&A 成功戦略」(ダイヤモンド社、2008年2月)

◆デビッド・フビーニ、他「ポスト M&A リーダーの役割」(2007年4月)

◆「事業承継バブル M&A のカネと罠」(週刊ダイヤモンド、2022年3/19号)

◆「ザ M&A マフィア　企業買収　プロたちの闘い」(週刊東洋経済、2022年3/12号)

◆事業継承支援コンサルティング研究会『中小企業の両利きの経営』(ロギガ書房、2022年)

◆稲盛和夫「京セラ・フィロソフィ」(サンマーク出版、2014年)

◆稲森和夫「生き方」(サンマーク出版、2004年)

◆大田嘉仁「JAL の軌跡」(到知出版、2018年)

◆藤井一郎「中小企業 M&A の真実」(東洋経済新報社、2021年)

◆チャールズ・A・オライリー、マイケル・L・タッシュマン、他『両利きの経営』(東洋経済新報社、2021年)

◆デビット・フビーニ、他「ポスト M&A」(ファーストプレス社、2007年)

◆三宅 卓「会社が生まれ変わるために必要なこと」(経済界社、2010年)

◆田中孝樹「やさしい経営改善の教科書」(クロスメディア・パブリッシング、2021年)

【第3章】

◆竹林伸幸「日本型 PMI の方法論」(プレジデント社、2019年3月)

◆前田絵里編著・菊池庸介「企業買収後の統合プロセス」(中央経済社、2014年12月)

◆ウイルス・タワーズワトソン編／要慎吾・中村健太郎・堀之内俊也・松尾梓司・片桐一郎「M&A シナジーを実現する PMI」(東洋経済新報社、2016年6月)

◆田中大貴「ポスト M&A 成功の44の鉄則」(日経 BP 社、2018年4月)

◆三宅 卓「M&A を成功に導く PMI」(プレジデント社、2015年6月)

◆人見 健「M&A 失敗の本質」(ダイヤモンド社、2021年3月)

◆寺嶋直史・齋藤由起夫「スモール M&A のビジネスデューデリジェンス」(中央経済社、2021年10月)

◆新将 命「経営理念の教科書」(日本実業出版社、2020年11月)

◆田中雅子「経営理念浸透のメカニズム」(中央経済社、2016年10月)

◆知的資産経営研究協議会編集代表生駒正文／泉谷透・宮本里恵・土井典子・森田理恵・立川淳史・山本慶子「知的資産経営入門講座」(マスターリンク、2018年7月)

◆森下 勉「持ち味を活かす経営支援」(銀行研修社、2021年6月)

◆A.D. チャンドラー「組織は戦略に従う」(ダイヤモンド社、2004年6月)

◆橋本竜也「「組織マネジメント」実践論」(プレジデント社、2022年10月)

◆グロービス経営大学院「MBA 組織と人材マネジメント」(2007年12月)

◆松田千恵子「コーポレートガバナンスの進化」（日経BP、2021年11月）
◆冨山和彦・澤陽男「これがガバナンス経営だ！」（東洋経済新報社）
◆皿谷　将「M&Aを成功に導く中小企業のPMI実践マニュアル」（日本法令、2023年5月）
◆事業承継支援コンサルティング研究会「専門家のための事業承継入門」（ロギカ書房、2023年2月）
◆和仁達也「超★どんぶり経営のすすめ」（ダイヤモンド社、2013年12月）
◆藤本康男・篠田朝也「中小企業のための管理会計」（東京図書出版社、2019年7月）
◆ジョン・ケース「オープンブック・マネジメント」（ダイヤモンド社、2001年10月）
◆齋藤秀樹「Good Team 成果を出し続けるチームの創り方」（日経BP社、2020年6月）
◆坪井孝太「成功するM&Aの進め方」（ダイヤモンド社、2022年9月）
◆齊藤光弘・中原淳「M&A後の組織・職場づくり入門」（ダイヤモンド社、2022年2月）
◆中尾隆一郎「最高の結果を出すKPIマネジメント」（フォレスト出版社、2018年6月）

【第4章】
◆皿谷　将「M&Aを成功に導く中小企業のPMI実践マニュアル」（日本法令、2023年5月）
◆竹林信幸「日本型PMIの方法論」（プレジデント社、2019年2月）
◆田中大貴「ポストM&A成功44の鉄則」（日経BP社、2018年4月）
◆寺嶋直史、他「中小企業のM&Aを成功に導くスモールPMI実務入門」（中央経済社、2023年4月）
◆ウイリス・タワーズワトソン「M&Aシナジーを実現するPMI」（東洋経済新報社、2016年5月）
◆前田絵里編著／菊池庸介「企業買収後の統合プロセス」（中央経済社、2014年12月）

【第5章】
◆東京青山・青木法律事務所、他「合併・買収後の統合実務」（中央経済社、2006年5月）
◆塚本英巨・舛谷寅彦「円滑なPMIに向けた法務面の留意点」（月刊「商事法務」、2018年9月号）
◆特許庁、ほか「知的財産法入門」（2017年）

◆西田聡子「知的財産戦略とは」（LegalOn Technologies「契約ウォッチ」、2022年）

◆坂本有毅、他「法務部員のための PMI 入門」（月刊「ビジネス法務」、2022年3月号）

◆皿谷　将「M&A を成功に導く中小企業の PMI 実践マニュアル」（日本法令、2023年5月）

◆木俣貴光「PMI の実務プロセス」

◆EY ストラテジー・アンド・コンサルティング「IT デューデリジェンスの実践ガイド」

◆竹林伸幸「日本型 PMI の方法論」（プレジデント社、2019年3月）

◆前田絵里編著／菊池庸介「企業買収後の統合プロセス」（中央経済社、2014年12月）

◆ウイルス・タワーズワトソン／要慎吾・中村健太郎・堀之内俊也・松尾梓司・片桐一郎「M&A シナジーを実現する PMI」（東洋経済新報社、2016年6月）

◆今野浩一郎・佐藤博樹「人事管理入門」（日本経済新聞出版社、2009年12月）

◆堀之内克彦「中小企業の人事・賃金制度はじめに読む本」（すばる舎、2016年12月）

◆佐藤広一「M&A と統合プロセス人事・労務ガイドブック」（労働新聞社、2019年9月）

◆木俣貴光編著／三菱 UFJ リサーチ＆コンサルティング「PMI の実務プロセス」（2023年3月）

◆日本法令ビジネスガイド「連載 PMI と人事労務」（2022年7月〜2023年6月）

【著者紹介】

井上　博行 （いのうえ　ひろゆき）

中小企業診断士、M&A支援機関登録
大学卒業後、住宅資材販売会社にて法人営業に従事。
顧客企業の経営者と向き合いながら、会社員ではない
独立した立場からの中小企業支援の必要性を感じ、2022
年に中小企業診断士資格を取得。
主に工務店、建築材料等卸売業への販路開拓、事業承
継、M&A、PMI、カーボンニュートラルに向けた脱
炭素経営の支援を行っている。
本書執筆担当：第2章Ⅰ～Ⅱ

合田　潤 （ごうだ　じゅん）

ごうだ国際会計事務所　代表
JGコンサルディング合同会社　代表社員
中小企業診断士、公認会計士、税理士、認定経営革新
等支援機関
大手監査法人で、法定監査、IPO支援、内部統制構築
支援、不正監査、財務デューデリジェンス等に従事。
2016～2019年インド・チェンナイに駐在。
現在、「Japan heart, Global mind」で、事業承継・再編、
M&Aの支援、外資企業の支援等を行っている。
本書執筆担当：第5章Ⅰ-3、第5章Ⅳ～Ⅴ

塩沢 秀人（しおざわ ひでと）

中小企業診断士、認定経営革新等支援機関、不動産コンサルティングマスター、再開発プランナー

かつては総合建設会社にて関連事業・経営企画・不動産開発の各部門、民鉄会社にて再開発の事務局などに勤務。現在は起業スクール講師や自治体の経営相談員に就き、新規事業・起業、経営戦略、営業・販売計画、資金計画、不動産開発、まちづくりなどで、小売店・飲食店・各種サービス業・製造業・建設業などの小規模事業者に伴走。事業承継やPMIの領域では、不動産の活用・承継、後継者による新分野展開の計画・投資

採算評価に注力。著書には、著者名いずれも「信田秀哉」にて、「新規事業開発成功への80STEP」（共著）、「テキスト商品知識（U-CAN）」、「電車でおぼえる中小企業診断士・店舗施設管理」、「マスタープロジェクト・新規事業開発」など。

本書執筆担当：第1章、第5章I−1〜2、第5章Ⅱ

清水 一郎（しみず いちろう）

中小企業診断士、認定経営革新等支援機関

清水パートナーシップコンサルティング㈱代表取締役

大学卒業後、大手機械製造業にて経営企画、資材調達、生産管理に従事。退職後、製造業、卸売業を中心に幅広い事業分野を対象に中小企業支援に取り組んでいる。支援分野は事業承継、経営改善、資金繰り改善、経営戦略策定、事業再構築と幅広い。管理会計を基にした事業の選択と集中やVE技法を活かした合理的なコストダウンの分野でも事業支援を行っている。中小企業及び経営者に寄り添うパートナー型の経営支援を

信条としている。今後は事業承継や産業活性化の観点で重要性が増す中小M&Aを成功させるPMIの分野での支援に力を注いでいく。

本書執筆担当：第3章I〜Ⅵ、第4章Ⅳ、第5章Ⅲ

高岸 浩文 (たかぎし ひろふみ)

株式会社 TK 経営総合研究所　代表取締役

中小企業診断士、認定経営革新等支援機関、M&A 支援機関

大学卒業後　大手電器メーカーの自動車機器部門にて営業、営業企画、マーケティング、新規事業、事業統合等に従事。独立後、"ビジョナリー軍師®" として、事業承継、後継者・幹部育成、販路開拓、組織人事、事業再生、経営改善、事業再構築など1,200回以上の中小企業訪問支援活動、伴走支援を行っている。

今後は、中小 M&A を成功に導く PMI 支援活動にも注力していく。

本書執筆担当：第4章Ⅰ～Ⅲ

徳弘 英生 (とくひろ ひでお)

学生時代に IT 起業、約5年で事業譲渡した後、複数の中小ベンチャーに勤務。東証一部の大企業では新規出店から統廃合、事業清算の現場リーダーを、国の独立行政法人では事業仕分け後の整理実行を担当。2016年に経営コンサルタントとして独立開業、おもに中小企業の経営改善や事業再生、M&A を含めた事業承継の支援を行っている。

本書執筆担当：第2章Ⅲ～Ⅵ-2

豊泉 光男（とよいずみ みつお）

MBA/MOT、早稲田リバイタルパートナーズ代表
大学卒業後、外資系大手フードビジネス企業に勤務、店舗経営、広報等マーケティングに携わる。その後、父の病床のため、家業を継ぐ、建て直しのために一倉定先生「全員参加の経営計画」、経営士会に学ぶ。この間、新事業開発、販売革新、生産革新、海外事業展開が効をそうし、増収・増益基調が定着し、事業規模は10倍以上となった。2002年から早稲田大学大学院でMBA/MOTを修了し、経営コンサルティングの道を志す。2007年より現在まで16年間、荒川区経営支援課で区内モノづくり企業120社の経営支援（事業継承・新商品開発・経営改善・後継者育成）を行いそれぞれ多くの実績を残し、区長より感謝状拝受。

著作

・「事業承継と後継者に関する調査及び考察」日本フォームスチレン工業組合青年部　編　1994年
・「生きた技術経営 MOT」共書　日科技連　2004年
・「経営塾」寄稿　信用金庫　2012年6月号

本書執筆担当：第2章Ⅵ-3〜4

矢吹 卓也（やぶき たくや）

株式会社アステクト取締役、中小企業診断士、キャッシュフローコーチ
保険代理店の役員として自らも経営の統合を経験しており、2023年3月現在も自身の会社にてPMIを実行中。25年間、一貫して保険の営業にたずさわりながら小企業の支援を行っている。
2020年に中小企業診断士を取得後は、相続・事業承継を見据えた事業の磨き上げ、補助金支援、経営改善などにともなう伴走支援に従事している。

本書執筆担当：第3章Ⅶ〜Ⅷ

【監修】

岸田 康雄 （きしだ やすお）

公認会計士、税理士、1級ファイナンシャル・プラン
ニング技能士、中小企業診断士、宅地建物取引士、国
際公認投資アナリスト（日本証券アナリスト協会認
定）、行政書士

一橋大学大学院修了。中央青山監査法人（PwC）にて
事業会社、都市銀行、投資信託等の会計監査および財
務デュー・ディリジェンス業務に従事。その後、三菱
UFJ銀行ウェルスマネジメント営業部、みずほ証券グ
ローバル投資銀行部門、日興コーディアル証券企業情
報部、メリルリンチ日本証券プリンシパル投資部門、
税理士法人に在籍し、個人の相続対策から大企業のM&Aまで幅広い資産承継と事業
承継をアドバイスした。現在、相続税申告を中心とする税理士業務、中小企業に対す
る事業承継コンサルティング業務を行っている。日本公認会計士協会中小企業施策調
査会「事業承継支援専門部会」委員。平成28年度経済産業省中小企業庁「事業承継ガ
イドライン」委員、東京都中小企業診断士協会中央支部「事業承継支援研究会」代表
幹事。
著書には、「富裕層のための相続税対策と資産運用」、「中小企業の両利きの経営」、「事
業承継ガイドライン完全解説」、「専門家のための事業承継入門」、「プライベート・バ
ンキングの基本技術」、「プライベートバンカー試験受験対策問題集」、「信託＆一般社
団法人を活用した相続対策ガイド」、「資産タイプ別相続生前対策パーフェクトガイド」、
「事業承継・相続における生命保険活用ガイド」、「税理士・会計事務所のためのM&A
アドバイザリーガイド」、「証券投資信託の開示実務」などがある。

村上　章 （むらかみ あきら）

事業承継コンサルティング株式会社代表取締役
一般社団法人台東区中小企業診断士会会長
中小企業診断士・行政書士
名古屋大学工学部を経て、全国展開の店舗小売業フランチャイズチェーンにて20年間従事。システム開発部門、スーパーバイザー部門、経営企画部門を担当、執行役員を務める。1999年中小企業診断士資格を取得後、20007年にプロコンサルタントとして独立。その後、2015年行政書士資格を取得後、事業承継の専門家として、全国8000店舗の Panasonic 街の電器屋さんをはじめ、数多くの事業主を支援中。2021年より中小企業庁の中小 PMI ガイドライン策定小委員会委員を務める。

【執筆協力】

皿谷　将 （さらや しょう）

弁護士（東京弁護士会所属）
2013年12月、センチュリー法律事務所に入所。2019年9月から2022年3月まで、経済産業省中小企業庁事業環境部財務課課長補佐（経営承継）として、中小 PMI ガイドラインをはじめ、中小企業のための事業承継・M&A 支援策の立案等に従事。同事務所復帰後、2023年10月、M&A プラットフォーマーである株式会社バトンズに執行役員として参画。

専門家のための
中小 PMI 実践ガイドブック

初版発行　2024年3月31日

編　者　事業承継支援コンサルティング研究会

発行者　橋詰 守

発行所　株式会社 ロギカ書房
　　　　〒101-0052
　　　　東京都千代田区神田小川町2丁目8番地
　　　　進盛ビル303号
　　　　Tel 03 (5244) 5143
　　　　Fax 03 (5244) 5144
　　　　http://logicashobo.co.jp/

印刷・製本　亜細亜印刷株式会社
978-4-911064-04-7　C2034